AF592207

MAURICE BARRÈS

DE L'ACADÉMIE FRANÇAISE

UNE ENQUÊTE AUX PAYS DU LEVANT

* * *

HOMS-ALEP-L'EUPHRATE
ANTIOCHE-LE TAURUS
LES DANSEURS MYSTIQUES DE KONIA
CHEZ LE GRAND TCHÉLEBI-CONSTANTINOPLE
LE SARCOPHAGE D'ALEXANDRE

PARIS
LIBRAIRIE PLON
PLON-NOURRIT ET Cie, IMPRIMEURS-ÉDITEURS
8, RUE GARANCIÈRE - 6e

6e mille

UNE ENQUÊTE
AUX PAYS DU LEVANT

DU MÊME AUTEUR, CHEZ LE MÊME ÉDITEUR

DANS LA SÉRIE DES ŒUVRES COMPLÈTES

Édition in-8° écu limitée à 1150 exemplaires numérotés
20 exemplaires sur papier de Chine;
30 exemplaires sur papier de Hollande;
1100 exemplaires sur papier pur fil.

Souvenirs d'un officier de la Grande Armée... 1 vol.
Sous l'œil des barbares... 1 vol.
Un Homme libre... 1 vol.
Le Jardin de Bérénice... 1 vol.
Les Déracinés... 2 vol.
Le Génie du Rhin... 1 vol.
Du Sang, de la Volupté et de la Mort... 1 vol.
Amori et Dolori sacrum... 1 vol.
La Colline inspirée... 1 vol.
Un Jardin sur l'Oronte... 1 vol.
Le Voyage de Sparte... 1 vol.
Colette Baudoche... 1 vol.
Au Service de l'Allemagne... 1 vol.
Huit jours chez Monsieur Renan... 1 vol.
Greco ou le secret de Tolède... 1 vol.

Chronique de la Grande Guerre.

I. (1er fév.-4 oct. 1914)...	1 vol.	VII. (12 déc. 1915-9 av. 1916).	1 vol.
II. (14 oct.-31 déc. 1914)..	1 vol.	VIII. (11 av.-24 août 1916)..	1 vol.
III. (1er janv.-11 mars 1915).	1 vol.	IX. (3 sep. 1916-23 juin 1917)	1 vol.
IV. (12 mars-31 mai 1915)..	1 vol.	X. (1er juill.-1er déc. 1917)..	1 vol.
V. (1er juin-24 août 1915)..	1 vol.	XI. (2 déc. 1917-28 av. 1918)	1 vol.
VI. (25 août-11 déc. 1915)..	1 vol.	XII. (26 avril-7 août 1918)..	1 vol.

EN PRÉPARATION :

Chronique de la Grande Guerre. XIII... 1 vol.
La Grande Pitié des laboratoires de France... 1 vol.

DANS L'ÉDITION IN-16 DOUBLE COURONNE

sur papier ordinaire

Souvenirs d'un officier de la Grande Armée. 1 vol. — **Sous l'œil des barbares.** 1 vol. — **Un Homme libre.** 1 vol. — **Le Jardin de Bérénice.** 1 vol. — **Les Déracinés.** 1 vol. — **Le Génie du Rhin.** 1 vol. — **Du Sang, de la Volupté et de la Mort.** 1 vol. — **Amori et Dolori sacrum.** 1 vol. — **La Colline inspirée.** 1 vol. — **Un Jardin sur l'Oronte.** 1 vol. — **Le Voyage de Sparte.** 1 vol. — **Colette Baudoche.** 1 vol. — **Au Service de l'Allemagne.** 1 vol. — **Huit jours chez Monsieur Renan.** 1 vol. — **L'Angoisse de Pascal.** 1 vol. — **Dante, Pascal et Renan.** 1 vol.

Faut-il autoriser les congrégations?

Les Frères des Écoles chrétiennes.
Les Pères blancs.
En préparation :
Les Missionnaires africains de Lyon.

Les Missionnaires du Levant.
Les Franciscains.

(Cinq brochures.)

Ce volume a été déposé au ministère de l'intérieur en 1923.

MAURICE BARRÈS
DE L'ACADÉMIE FRANÇAISE

UNE ENQUÊTE AUX PAYS DU LEVANT

HOMS - ALEP - L'EUPHRATE
ANTIOCHE - LE TAURUS
LES DANSEURS MYSTIQUES DE KONIA
CHEZ LE GRAND TCHÉLÉBI - CONSTANTINOPLE
LE SARCOPHAGE D'ALEXANDRE

PARIS
LIBRAIRIE PLON
PLON-NOURRIT ET Cie, IMPRIMEURS-ÉDITEURS
8, RUE GARANCIÈRE - 6e

UNE ENQUÊTE AUX PAYS DU LEVANT

I

VERS ANTIOCHE

C'était une affaire, en 1914, de s'en aller de Beyrouth à Constantinople par terre. La voie de fer demeurait inachevée entre Alep, Antioche et Alexandrette, et pour traverser le Taurus on m'avertissait que j'aurais à me procurer des voitures. Interminables pourparlers, longues journées de route, séjour dans des auberges pénibles : ces ennuis deviennent le plus charmant plaisir, si l'on peut les partager avec un compagnon bien choisi. Aussi je me félicite d'avoir trouvé à Saïda, sur le lieu même des fouilles de M. Renan, qu'il continue, un savant assyriologue, le docteur Contenau, à qui mon itinéraire a convenu et qui m'a dit : « J'en suis. » Et voilà comment l'un et l'autre, en parfaite communion d'idées, un beau matin, par une divine chaleur, nous quittons Beyrouth, nos amis et tant de belles images, bien faites pour être pleurées, en nous décidant avec allégresse à leur préférer celles que nous allons recueillir.

A plusieurs stations du Liban, des groupes viennent nous saluer. Tous ces amis demandent qu'on les appuie, et toujours cette sollicitation : « Des écoles, des écoles ! » J'ai encore dans l'oreille l'accent douloureux de ce jeune homme qui, me prenant à part, me dit :

— Vous partez? Déjà ! Qu'êtes-vous donc venu faire chez nous?

— Mais admirer votre pays, votre histoire, votre amitié.

— Cela seulement, admirer?

Quel reproche dans cet « admirer ! » Ce qu'ils attendent de la France, c'est une aide efficace. Ils veulent, après nos prêtres, nos soldats ; après leur instruction, leur délivrance.

Le regard passionné de ce jeune homme et la sincérité de sa déception m'ont donné un instant l'idée que j'étais dans mon tort. Les Libanais sont des amoureux du parler français. De nature noblement ambitieuse, ils jugent que la meilleure façon pour monter dans la société, c'est de savoir notre langue. Ils ignorent comment ils exploiteront cette connaissance, mais ils se disent : « Il faut que je possède le français aussi bien et mieux que mon voisin. » Et de fait beaucoup d'entre eux s'expriment avec une netteté élégante, un vrai sentiment littéraire. Il y a plus : par delà les mots, ils recherchent un idéal, qu'ils nomment la France et qu'ils désirent avec une nostalgie d'exilés. Le Liban est plein d'angoisses et d'appels. Le gémissement des pleureuses antiques continue d'y flotter et de nous assaillir. Ce serait les Vosges, les Alpes ou les Pyrénées, s'il ne s'y mêlait la sorte de tristesse voluptueuse et de douleur brisante auxquelles ont donné un corps les cultes des sanctuaires et le cortège sanglotant des Bacchantes.

Le jour tombait à notre arrivée dans Baalbek. De la gare nous sommes allés à pied, à travers les jardins, en suivant la rivière, jusqu'à l'hôtel persan. Les musulmanes étaient assises le long de l'eau, sous les peupliers, avec leurs enfants.

Sorti après dîner, je n'ai même plus regardé les ruines des temples. Je me promenais sous le clair de lune, entre les jeunes arbres immobiles et les grandes collines; je me disais que nous atteignions aux jours les plus longs de l'année. Rien de plus, mais sur ce thème insignifiant, quelle musique répand la lumière blanche d'une nuit d'Asie!

HOMS

A la première station après Baalbek, je vois arriver un religieux, affreux de chaleur et de fatigue, que je prie de monter dans mon wagon, et qui se présente:

— Le Père Claude Chevrey, missionnaire jésuite français. (Il faut entendre l'accent d'orgueil qu'il met sur ce dernier mot.)

Il rentre à Homs, après une tournée d'inspection dans les écoles des villages.

— Eh bien! mon Père, comment vont nos intérêts à Homs et dans la région?

— Homs est divisé entre trois grandes influences: la moscovite, l'américaine et la française. Les Russes y travaillent depuis 1886. Ils ont 49 maîtres et maîtresses, 1 410 élèves, garçons et filles. Chez eux les fournitures scolaires sont gratuites. La Société de Palestine met à leur disposition, chaque année, plus de 60 000 francs. — Les Américains y datent de 1860. Ils ont 120 élèves à leur collège, 60 à leur école de garçons, 70 à leur école de filles, et pour ces 250 enfants, 10 professeurs. — Nous, c'est en 1882 que nous sommes venus nous installer, sur le désir que nous a fait connaître Gambetta, quand M. Paul Savoye, notre vice-consul de Hama, demanda à se transporter à Homs. Nous avons aujourd'hui trois écoles de garçons qui comptent 300 élèves, et trois écoles de filles, avec 240 élèves ; en outre un dispensaire. Tous ces enfants sont entassés comme des anchois et n'ont pour jouer qu'une cour minuscule. Le Caïmakan me disait encore l'autre jour : « Faites-nous deux pensionnats pour les garçons et pour les filles. Le russe n'est pas apprécié à Homs. A quoi peut servir le russe? » C'est très bien raisonné. On nous demande d'enseigner le français plus largement. Nous confierions ces pensionnats à deux congrégations françaises. Mais nous manquons d'argent et de maîtres. Au lieu d'élargir, il faut restreindre. Notre résidence d'Homs comptait 40 écoles de villages ; nous avons dû en fermer 35. Pourquoi? Parce que les ressources venues de France en personnel, en matériel, ont trop diminué.

— Mon Père, il me vient une idée. Quand vous visitez vos villages, rencontrez-vous des Ismaéliens?

— Dans quelques jours, je vais aller dans la montagne des Nosséïris. J'y passerai trois semaines.

Alors tout de suite, je lui dresse un questionnaire, un programme d'enquête. Et lui :

— C'est une circonstance providentielle que je vous rencontre, monsieur Barrès. Cette semaine, il m'est arrivé un malheur. On m'avait demandé, sans me laisser de répit, un sermon sur Jeanne d'Arc pour le pensionnat des petites filles. J'étais embarrassé. On n'improvise pas en arabe comme en français. Une idée : je demande au dispensaire des religieuses la statue de Jeanne d'Arc. Les sœurs hésitent, et ne me la prêtent qu'avec mille recommandations. Je promets tout ; je fais mon sermon ; la statue parlait mieux que moi à mon auditoire. Hélas ! après la cérémonie, voilà-t-il pas qu'une de ces enfants maladroites me l'a cassée. Je vous dis que votre passage est providentiel. Vous, un compatriote de Jeanne, vous m'enverrez sa statue, et moi, pauvre Père, des notes sur les Ismaéliens.

Hélas ! la guerre est venue. Et bien contre notre gré, nous nous sommes manqué de parole, l'un à l'autre.

Contenau ne nous écoute pas. Il est prodigieusement agité, il va et vient dans le wagon, stationne sur la plate-forme, se penche aux fenêtres : il n'en a qu'aux Hittites. Il est tout entier à surveiller l'immense paysage, pour y guetter une trace de ce que ces « fils de Heth » y furent quinze siècles avant Jésus-Christ.

— Arrivez, arrivez, crie-t-il, les voilà...

Je me rappelle que M. Gustave Schlumberger, un jour, chez Bourget, m'a raconté de quelle manière, en 1879, il lui fut donné de voir apparaître ces Hétéens de la Bible, ces Hittites, comme nous disons maintenant, que la nuit et le silence recouvraient. Schlumberger se promenait dans le vieux bazar de Constantinople (aujourd'hui détruit), à la chasse des monnaies antiques, quand il aperçut un beau gars, vêtu du pittoresque costume des paysans de l'Anatolie, qui cherchait à vendre d'étranges objets renfermés dans une immense bourse de cuir, une vingtaine de petits cônes de terre cuite, d'aspect très ancien, sur la base desquels étaient figurées une foule de représentations bizarres, têtes humaines, chaussures étranges, têtes d'animaux, etc. Ces petits monuments, que Schlumberger acheta pour deux, trois livres turques, n'étaient autres que des sceaux de princes hittites, contemporains des plus vieilles civilisations de l'Asie antérieure. Publiés d'abord par Georges Perrot, puis par le grand archéologue et philologue anglais Henry Sayce, ils figurent encore dans les collections de notre confrère et sont, à peu près, les premiers sceaux hittites retrouvés.

On ne déchiffre que très incomplètement l'écriture de ce vieux peuple. Mais on retrouve ses villes. Et Contenau nous appelle pour nous faire voir l'antique Kadesh. Sur la gauche du chemin de fer, il nous montre un monticule de terre, un Tell, recouvert en partie par un village et par un cimetière, qui rompt la prodigieuse platitude de la plaine.

— Les belles fouilles qu'il y aurait à faire ici !

Il nous explique avec passion que lorsque l'Égyptien Ramsès II, dans sa campagne de Syrie, vers 1295 avant Jésus-Christ, arriva sur ce point, il y rencontra le gros des Hittites que commandait leur roi Moutallou. Mal gardé, il se fit surprendre, fut à deux doigts de la défaite, et ne chercha plus à prendre la ville de Kadesh ; il se hâta de conclure avec Hattousil (qui sur les entrefaites venait de succéder à Moutallou), un traité d'alliance et admit une de ses filles dans son harem. Le traité qualifie Hattousil de grand roi, alors que la chancellerie égyptienne lui donnait auparavant les épithètes de vil et d'ignoble. Toute la bataille est reproduite sur les murs du Ramesseum à Luxor, du Memnonium à Abydos, et à Ipsamboul, tandis qu'un poème glorifie la valeur du pharaon. Ces bas-reliefs montrent Kadesh entourée d'eau. C'est pour cette raison qu'on avait d'abord pensé à la chercher dans la petite île du lac de Homs. Les fouilles n'y ont rien donné. Alors au sud du lac de Homs, qu'on appelait jadis lac de Kadas, on est venu examiner ce Tell. Il est situé dans l'angle formé par l'Oronte et par un de ses affluents, qui alimente un moulin, appelé encore aujourd'hui « moulin de Kadas », mais tout de même pour satisfaire à l'idée qu'en donnent les bas-reliefs égyptiens, il lui manquait d'avoir de l'eau sur son troisième côté. Eh bien ! les premières fouilles que M. Pézard y a entreprises viennent de dégager un canal qui, unissant les deux rivières, réalisait cette disposition.

— Je reconnais que ces recherches sont très amusantes, pleines d'ingéniosité, excitantes pour l'esprit, mais comment s'intéresser à fond aux Hittites? Comment les relier à notre humanité? Je ne me vois pas plus de parenté avec eux, dans leurs luttes contre les Égyptiens, qu'avec deux armées de fourmis.

— Parce que nous manquons de lectures ! Mais nous avons déjà beaucoup de textes, que l'on commence à déchiffrer, grâce aux découvertes de Boghaz-Keui, et quand on saura vraiment les lire, ce sera inouï. Dans les cinquante années qui viennent, on va nous faire voir une civilisation hittite, très considérable, pas sémite, peut-être aryenne, tout un fond d'idées sur lequel a vécu primitivement le plateau central de l'Asie Mineure.

— Je vous crois, mais en attendant, ce qui m'intéresse ici, c'est Émèse et surtout le temple d'Héliogabale. Où s'élevait-il?

— Je ne me le suis jamais demandé, déclare le Père Claude Chevrey.

Contenau n'en sait pas davantage.

LA PIERRE NOIRE D'ÉMÈSE

Le temple du Soleil aurait eu fort bon air dans la petite île, au centre du lac de Homs, que nous longeons, net, propre, couleur d'une opale très claire, et agrémenté sur son rivage d'un petit village tout sec, en terre battue. Un horizon monotone, immense, sans un vallonnement, avec çà et là des Tells artificiels, corps de garde, défenses de jadis, seuls témoins des civilisations qui se heurtèrent ici, dix siècles avant Jésus-Christ... Oui, le culte du Soleil eût été superbement placé dans cette île, comme le temple d'Isis que j'ai vu à Philae, dans le Nil, ou le temple d'Éléphantine.

Mais, au jugement de Contenau, le plus vraisemblable est que le temple de la pierre noire occupait dans Émèse l'emplacement de la mosquée actuelle de Homs. Celle-ci a succédé à la cathédrale chrétienne ; on y trouve un puits surmonté d'une coupole qui repose sur six colonnes antiques ; et les chrétiens précédemment avaient dû désaffecter le sanctuaire des païens. Perpétuelle transfiguration du visage divin ! La mosquée d'Allah recouvre la sainte maison du Christ, qui s'est elle-même construite sur le temple du Soleil.

Quel lieu excitant pour l'imagination ! Je réclame qu'un poète savant écrive l'histoire des grands prêtres héréditaires d'Émèse. Une famille incomparable, à la fois sacerdotale et royale, dont les femmes, merveilleusement belles et intelligentes, hissèrent sur le trône l'enfant insensé Héliogabale, et qui, pour finir, s'épanouit dans le génie mystérieux du philosophe Jamblique ! Un tel livre, je n'en imagine pas de plus beau, si l'auteur ne s'attarde pas en détails sensuels, et s'il va, au centre de toutes ces extravagances, jusqu'à l'esprit qui animait ces adorateurs du bétyle, jusqu'à la vérité ineffable qui reposait dans la pierre noire, messagère du ciel,

Calme bloc ici-bas chu d'un désastre obscur.

Je voudrais pouvoir dire comme Damascius : « J'ai vu le bétyle volant dans le ciel. » J'envie le marquis de Vogüé d'en avoir découvert un à Oumm-el-Djemail. J'admire leur image sur les monnaies de Byblos et de Paphos. Quel fut le dernier jour de la pierre de Pessinunte, dite la Mère, que l'on avait placée à Rome dans la bouche de Cybèle? Mais entre toutes, je rêve de la pierre noire d'Émèse, qu'accompagne, sur les monnaies d'or, un aigle. Sont-elles le symbole de l'occultation universelle, le rappel que toutes les causes premières demeurent inaccessibles à l'esprit humain? Et que signifiait alors la gigantesque émeraude lumineuse, exposée à la vénération des fidèles dans le temple de Tyr? Émeraude et pierres noires me paraissent l'emblème du feu et le symbole de l'amour. L'émeraude, c'est le feu ardent ; la pierre noire, c'est le repos de l'étincelle qui n'a pas encore jailli. Je n'aurai jamais fini d'épuiser les belles choses que Descartes a dites sur les germes de feu qui reposent dans le caillou, comme des germes de science dans l'homme (1). Par ces pierres, aussi bien que par les chrysalides, la nature nous suggère un perpétuel *spera*.

La pierre d'Émèse, appelée Elagabalus, et dont le jeune dément qui fut empereur s'appropria le nom, était marquée de saillies et d'empreintes, qui la faisaient à la fois mâle et féminine, et que l'on avait bien soin de laisser voir quand on l'habillait de riches vêtements.

Voilà ce qu'il plaisait à ces imaginations extravagantes des Syriens de lire sur une pierre ; et nous, que voulons-nous y déchiffrer? Toutes les imaginations, les plus hautes et les plus pures, restent permises. Écoutez cette page du cardinal Pitra : « On s'obstine à nous dire que des hymnes sont écrites en lettres gigantesques sur les roches du Sinaï. Ici (à Rome), le Père Secchi est mort, convaincu qu'il pouvait lire les hiéroglyphes de l'Égypte. Les pyramides de Gyzeh sont-elles les colonnes de Seth antédiluviennes? Que le Père Kircher se soit mépris en lisant le *Dixit dominus* sur l'obélisque de Saint-Pierre, je n'ai qu'y faire ; mais un autre lira mieux et plus encore. Volontiers j'en croirais je ne sais quelle sainte âme qui disait sérieusement qu'il y avait un très beau cantique gravé sur l'obélisque de Louqsor dressé à Paris place de la Révolution... »

Héliogabale transporta à Rome sa pierre sacrée, et la plaça auprès du feu de Vesta. Puis il la maria à la *dea cœlestis* de Carthage, à la Tanith punique, qui avait été consacrée par Didon. Pour lui faire une cour, il groupa autour de ce couple insensé toutes les pierres divines de l'Asie. Et il exécutait devant elles ses danses sacrées. Même il leur offrit des sacrifices humains.

Quand ce fou eut été égorgé et traîné dans les rues de Rome, on renvoya sa pierre noire à Émèse. Qu'est-elle devenue? Après quel désastre? Dans quelle construction est-elle encastrée? Pave-t-elle une route? Ses débris se sont-ils obscurément fait reconnaître et servent-ils de fétiche? Ont-ils cessé d'avoir toute action dans le monde?

Ainsi je rêve, tout en causant avec les religieux, dans la gare de Homs...

ALEP

Après Homs, toujours cette teinte de chameau, morne, sévère, et toujours, quand les peupliers fraîchissent, dans le cours de l'Oronte, des coins virgiliens, des nymphées agrestes. Nous les dépassons, et c'est de nouveau la couleur kaki, les pierres noires, le courant d'air du désert, la chaleur intolérable.

Aux environs de Hama, voici des villages dont les maisons surmontées de toits coniques semblent des ruches d'abeilles, des ruches grises et noires, des toits construits de terre battue et sèche, selon une mode si vieille que déjà on les voit figurer sur les bas-reliefs assyriens.

... Toujours cet aspect écroulé, abandonné sous le soleil. Une tempête de vent chaud sur des espaces où l'œil ne s'arrête à rien, sinon à des campements de nomades. Que ces témoins éternels, que ces survivants de la Bible sont en harmonie avec le désert ! Un ciel sans un nuage, un sol sans une ombre, les tentes noires des fils de Cedar, et ce vent inlassable.

Ce grand paysage, d'une monotonie solennelle, laisse dans l'esprit un souvenir de puissance et d'éternité. C'est un tel repos, ces espaces qu'un seul motif remplit ! Cela empêche la dispersion. Il n'y a rien ici pour le colifichet.

... Au demeurant, belle journée paisible sous la chaleur qu'un degré de plus ferait terrible. Si j'essaye de me rappeler mes sensations nues, je vois le ciel très haut, les villes blanches et basses, le désert où elles sont perdues, quelque chose d'exténué dans l'allure des chameaux et sur le visage des hommes, et puis les femmes enveloppées de voiles où souffle le vent. En réalité un pays peuplé et cultivé, et des villages riches. Mais il faut du temps et des explications pour le comprendre et pour distinguer que ces Bédouins errants sont déjà disciplinés et accordés avec la civilisation. C'est un fait qu'ils tirent rarement sur le train et que leurs femmes rient en nous regardant.

On arrive à Alep au milieu des jardins. La citadelle, dressée sur un Tell, pousse vers le ciel ses murailles et ses tours.

A la gare, nous trouvons le consul, M. Barré de Lancy, son attaché, les Pères jésuites, les Pères maristes, les sœurs de Saint-Joseph avec leur Supérieure. Et celle-ci, tout de suite, avant que j'aie quitté le marchepied du wagon :

— Monsieur Barrès, il ne faut pas laisser devancer la France.

C'est la sœur Placide Calé, une Bretonne, provinciale des sœurs de Saint-Joseph pour la Syrie, la Palestine et Chypre, une femme de tête et qui fait contraste, je vous prie de croire, avec ces Orientaux protocolaires qui se mettent à ma disposition.

Elle me prend par la manche :

— Venez voir notre hôpital en construction. Il n'avance plus, on manque de fonds. Vous pouvez nous avoir du crédit. Il le faut, c'est nécessaire ; sans quoi, les Allemands en vont construire un pour leur compte.

Et ses explications se pressent, impérieuses, intransigeantes :

— C'est plein d'Allemands, ici, des ingénieurs, des officiers pour la construction du Bagdad et du pont sur l'Euphrate. Ils ont fait venir des sœurs catholiques d'Allemagne. Elles réussissent mal, c'est entendu. Mais il n'y a que deux ans qu'elles sont-arrivées. On ne réussit pas en un jour. Elles vont avoir un hôpital. Enfin, monsieur le consul, ai-je tort ou non?

Et le consul de confirmer la gravité du péril :

— Les Allemands font le maximum pour plaire aux indigènes. Ils réussissent difficilement, parce qu'ils ne sont pas aimables. Eux-mêmes le reconnaissent. Mais ils procèdent avec intelligence et méthode. Ils ont beau se faire détester, ils deviennent les plus influents. En trois années, ils nous ont quasi délogés d'Alep.

— On résiste, on gagnerait la partie, reprend la sœur, mais monsieur le député, avec votre Chambre et vos ministres, vous ne faites que des sottises.

Comme elle y va, la sainte fille ! Je l'écoute, je

l'admire, et je voudrais un peu qu'elle me laissât penser à Alep ! C'est ennuyeux de ne passer ici que deux jours et d'y être absorbé par nos stupides querelles.

Pour visiter les diverses congrégations, nous circulons dans tous les sens à travers la ville : une ville franque, du genre de Beyrouth, avec un bazar assez important. Le point intéressant c'est la citadelle, sur une butte de terre, comme à Homs : une construction de l'époque arabe, bien délabrée, mais avec une allure ! C'est en miettes, à bien voir, et pourtant, cela étonne et enchante. Nous sommes montés sur ses plus hauts balcons à la fin de la journée. On domine la ville, mais à quoi se prendre dans ce chaos de maisons? Où fixer mon esprit? Ces villes immobiles, Homs, Hama, Alep, assises dans leurs pierrailles, sous ce soleil, auprès de leur rivière, que désirent-elles, que remâchent-elles depuis des siècles?

C'est ici que l'on voit le rôle immense des écrivains, poètes ou philosophes, qui tiennent la plume au nom de leurs concitoyens. Je sais que Djélal-eddin Roumi, le grand poète dont je vais honorer le tombeau à Konia, a rencontré ici, à Alep, Kemal-eddin Ibn-el-Adim, un historien très savant, « au cœur éclairé et croyant. » Ils ont vécu quelques semaines ensemble dans le collège Halâwiyya, me dit M. Huart, auprès de la grande mosquée (et probablement ce collège était une transformation de la cathédrale chrétienne). Que purent-ils se dire? A ce moment, Djélal-eddin était au début de sa vocation ; son père venait de mourir ; ce serait pour moi prodigieusement intéressant d'avoir une idée de son état d'esprit. J'ai aussi entendu parler d'un poète, Sohrawardi d'Alep, celui qui appelait al Hallâj « mon frère ». Il pensait que par une lutte systématique contre ses instincts physiques l'homme peut se purifier, se sublimer, se supernaturaliser, enfin se diviniser. Je voudrais l'entendre, ce néo-platonicien hermétique. Mais tous trois aujourd'hui sont muets, oubliés ; nul de mes compagnons ne peut me les ressusciter. Résignons-nous donc à nous promener, de la manière la plus vaine, à la surface de ces profondeurs d'Islam et en dehors des pensées séculaires indigènes ; acceptons que pour nous, ce soir, la spiritualité de l'antique Alep tienne toute dans la phrase que me répète, sous trente-six formes, le petit groupe qui me conduit à travers les rues : « Les Allemands progressent, nous leur résistons... »

Nous entrons chez les Frères maristes, qui donnent l'instruction et enseignent notre langue à 650 filles et garçons ; — dans les écoles de l'Alliance israélite, qui rassemblent près de 1 200 petits juifs, et leur enseignent le français avec l'amour de la France ; — chez les Mariamettes enfin.

Les sœurs Mariamettes sont des religieuses arabes, recrutées, formées, dirigées par les Pères jésuites, qui leur ont confié ici trois écoles populaires de filles. Sur leurs 540 élèves, 180 apprennent le français. J'écoute les plus petites chanter et mimer une espèce de poème alterné ; et des rangs des grandes une jeune poétesse surgit qui me déclame des vers de sa composition, où se déploie la plus belle emphase orientale. Je félicite ces enfants et leurs maîtresses ; à tout ce monde arabe, j'exprime l'amitié de la France.

Les religieuses au teint doré portent la main à leur tête et à leur cœur :

— Nous ne faisons que notre devoir, disent-elles avec humilité ; nous le faisons pour Dieu.

— Dieu, mes sœurs, sera renseigné directement et par l'intermédiaire des Pères jésuites (2).

J'hésitais à aller chez les Franciscains, où la France, m'a-t-on dit, est toute submergée par l'Italie. Le consul m'engage à surmonter mon déplaisir. Il a raison : je suis reçu au son de *la Marseillaise.* Et nous voilà dans une grande pièce, haute, solide, ancienne, où nous prenons le café avec des moines de nationalités étrangères. Conversation courtoise, mais prudente et gênée par l'accent. J'essaie de savoir s'il y a des Français parmi mes hôtes. Chuchotements, sans réponse nette. L'un d'eux vient dire : « Tout est prêt ! »

Nous passons dans la cour. Deux cents écoliers nous attendent en bon ordre, et l'un d'eux se détache pour me faire un des discours les plus chauds du cœur, les plus français, que j'aie entendus. Je réponds en ayant soin de ménager toute cette Italie dont je persiste à me croire entouré. J'insiste sur la culture occidentale dont les foyers sont Athènes, Rome et Paris. Là-dessus, nouvelle *Marseillaise.*

Le supérieur fort gracieusement m'invite à parcourir les salles, les dortoirs, la chapelle. Je ne songe qu'à me rendre compte de ce qui peut rester là de Français. Il faut remercier et prendre congé. Encore une *Marseillaise!* Elle me serre le cœur, dans la nuit qui tombe, cette musique, tandis que je m'éloigne.

Un galop derrière moi dans la rue. Un vieillard essoufflé me rejoint et me dit :

— Je suis le dernier Français. Mes collègues ont été très bien. C'est moi qui ai fait les discours et tout arrangé. Mais demain, quand je serai mort !

J'entends encore le pas de ce prêtre, sa course sonore sur la terre sèche. Il y avait quelque chose d'animal dans son élan joyeux, dans cette confiance. A nous deux, nous faisions la France dans ce rude décor deux fois étranger. Tout notre instinct vital s'émouvait. Il me disait la victoire du jour, le désastre du lendemain, et me confirmait le mot d'ordre universel de la Syrie : « Obtenir la réouverture des noviciats. »

— Entendu, mon Père, j'ai compris et je ferai au mieux pour la cause commune (3).

On nous avait signalé des chiens enragés dans les rues et des moustiques boutonniers (je veux dire porteurs du bouton d'Alep) dans les airs. Ces deux désagréments nous furent épargnés. Mais nous ne pûmes échapper à la troisième plaie d'Alep : l'hôtel regorgeait et retentissait d'officiers allemands. Près de moi, à la salle à manger, un colonel, un chef d'état-major, un major d'artillerie. C'est la mission militaire. Ils sont les maîtres de l'armée turque. A cette première et formidable influence, joignez les travaux du Bagdad. En ce moment, les ingénieurs allemands construisent à Djérablous un grand pont métallique de dix travées, ayant chacune quatre-vingts mètres de long. Ces officiers et ces ingénieurs obtiennent évidemment des résultats positifs, mais ils ne conquièrent pas les cœurs. Dans l'armée et sur les chantiers, ils sont si brutaux que les soldats désertent et qu'ils ne trouvent plus d'entrepreneurs.

A Djérabloue, la compagnie avait distribué les travaux entre vingt ou vingt-cinq entrepreneurs (cinq ou six Italiens, deux Autrichiens, deux Français, deux Arméniens, deux Arabes d'Égypte, deux Arabes du pays et plusieurs Allemands) ; elle est en procès avec tous, sauf avec les Allemands. Après d'interminables plaidoiries, elle dénie la compétence des tribunaux ottomans et veut qu'on aille en conciliation devant le consul allemand. Les entrepreneurs acceptent d'aller plaider à Francfort, mais savent trop que devant le consul allemand d'Alep ils sont à l'avance exécutés... Faute d'entrepreneurs, maintenant la compagnie doit traiter directement avec les ouvriers. Et comment ! Il y a peu, les ingénieurs, qui avaient promis à leurs hommes un salaire de douze piastres par jour, leur ont donné au bout du mois des petits paquets tout ficelés où ils étaient payés à raison de six piastres. Rumeur, révolte. Ils ont jeté leurs ouvriers dans le fleuve! Puis devant le mauvais effet de ces brutalités qu'elle nie, la compagnie a versé douze mille francs aux parents des morts. Un Italien me dit : « Compagnia francesca, benedetta ; compagnia tedesca, maladetta. »

Les Allemands confessent qu'ils ne savent pas plaire. L'un deux disait à notre consul : « Vous savez éveiller la sympathie. Vous avez ça naturellement. Nous ne pouvons pas. Nous ne savons pas nous rendre agréables. Mais nous avons nos moyens. » L'esprit de système, la ténacité. Beaucoup de ces ingénieurs allemands se font commis voyageurs, s'en vont dans les magasins proposer, imposer des marchandises allemandes. A l'hôtel, ils ont exigé que tout fût allemand.

— Bah! me dit un Syrien. Ils font un tape-à-l'œil formidable avec des gares, des constructions, mais le ballast ne vaut rien.

Mon aimable interlocuteur donne à ce fait une valeur de symbole. Il croit que la sympathie pour la France est quelque chose sur quoi on peut construire plus solidement que sur le prestige allemand.

— Pour vos écoles, n'ayez pas d'inquiétude... C'est plus avantageux, au moment de la construction du pont, de savoir l'allemand. Mais le chemin de fer construit, il y aura quelques employés allemands dans les gares, et ce sera fini. Et puis leur langue est trop difficile.

Sans doute! Mais ces Syriens, doués à faire peur pour ce qui est de la souplesse et du brillant de l'esprit, sont terriblement soumis devant la force. Pendant des siècles, ils ont été courbés, ils ont vécu par la ruse; il leur faudra du temps pour se relever, et les Allemands font d'immenses progrès à Alep.

L'EUPHRATE

A l'hôtel, où, tard dans la nuit, j'ai été éclairé et assourdi par les reflets et les refrains d'un brillant café-concert à la française, ce matin, réveil joyeux: la journée sera d'un intérêt exceptionnel.

— Aujourd'hui, Contenau, nous allons à Djérablous.

— Oui, me répond-il, nous allons à Karkemish.

Et nous sommes d'accord! Djérablous, l'endroit où le chemin de fer de Bagdad traverse l'Euphrate, c'est aussi le point où s'élevait, un millier d'années avant Jésus-Christ, Karkemish, la capitale du royaume des Hittites. Elle fut détruite par les Assyriens au huitième siècle avant notre ère, mais nous en verrons de beaux restes.

Du wagon, tout le long de la ligne, la campagne se déroule sans caractère, sans attrait. Une plaine agricole, la Beauce, la Champagne, n'importe quoi. C'en est même spirituel : avoir tant désiré de voir l'Euphrate, et trouver du blé, des légumes, du ricin, des lentilles, tout cela destiné au port de Marseille !

Notre train et la ligne d'Alep s'arrêtent au village de Djérablous, à quelque cent mètres du fleuve. Mais là-bas, le Tell de Karkemish, tout contre l'Euphrate, domine les deux rives. Précipitamment, nous sommes montés sur des wagonnets (de la ligne en construction) pour qu'on nous en approche le plus près possible. Contenau veut en visiter les fouilles, et moi en gravir le sommet. Nous l'abordons par son côté Sud-Ouest, et nous y prenons un chemin taillé dans les ruines, bordé à droite et à gauche de bas-reliefs. J'entrevois un dieu massif et trapu, la tête avec des cornes de taureau, assis sur deux lions que maintient un génie ailé, et puis des défilés de guerriers, de musiciens, de prêtres, d'allure assyrienne, avec pourtant je ne sais quoi de très personnel ; mais mon esprit les effleure, les dépasse : je ne songe qu'à atteindre le sommet du Tell.

Quand nous y arrivons, il est onze heures. La nuée des ouvriers qui travaillent au grand pont métallique, au-dessous de nous, s'égaille pour la sieste et restitue au paysage sa tragique solitude.

Un fleuve immense, tout jaune, strié d'herbage vert et or, dont les flots semblent lents et gras, chargés de limon. Aux rives, une mince bande de verdure, d'herbe douteuse, de petits arbres couleur de poussière. Nul horizon, toujours du vent, une monotonie solennelle.

Force, ampleur, immensité de cette nappe limoneuse qui dévale avec l'impétuosité d'un torrent. Jetez cette masse d'eau sur ces terres désolées, quelle végétation splendide surgirait ! Mais tout s'écoule vainement. Sur les grandes berges jaunâtres, entre lesquelles fuit l'Euphrate, je crois lire le texte où Pascal exprime notre horreur de l'instabilité universelle : « Les fleuves de Babylone coulent, et tombent et entraînent... O sainte Sion, où tout est stable, où rien ne tombe ! » Ici repose la plus vieille tristesse du monde : un soleil implacable épandu sur une large dévastation.

Demeurer immobile sur les bords sans ombre de l'Euphrate, à midi, en plein mois de juin, c'est une épreuve mémorable, une minute éblouissante. Je crois voir danser des flammes sur l'autre rive. Sont-ce les djinns qui m'appellent, nymphes et satyres du désert, en qui s'incorpore cette immense nature en friche? Quel flamboiement ! Et combien de telles fulgurations passent en mystères les ténèbres du Nord ! Qu'est-ce que la Bouche d'ombre auprès du Buisson ardent ! On dit qu'il est parmi les djinns des êtres féminins, de sorte que franchissant le pont, si j'allais errer au delà du fleuve, peut-être une flamme, ce soir, se glisserait sous ma tente. Ah ! que j'aimerais connaître les amours des djinns avec les mortels ! Au premier signe de ces filles de feu, voici que je suis prêt d'abandonner mon itinéraire, pour m'engager dans un autre voyage vers Bagdad, Kerbéla, Babylone, Ninive et les Chérubins du paradis perdu. Mais quoi ! au milieu du onzième siècle, quelques Turcs étant à la chasse près de l'Euphrate virent dans le désert une tente noire, sous laquelle beaucoup de gens, de l'un et de l'autre sexe, se battaient les joues et poussaient de grands cris (comme il est ordinaire de faire quand quelqu'un est mort). Parmi ces cris, on entendit ces paroles : « Le grand roi des djinns est mort, malheur à ce pays ! » Et il sortit une grande troupe de femmes qui allèrent au cimetière voisin, continuant toujours de se battre en signe de deuil et de douleur... Ce récit de Ben Schohnah fait le pendant de ce que Suétone raconte que, du temps de Tibère, on entendit crier dans les forêts : « Le grand Pan est mort... » Alors mieux vaut que je m'en tienne à mon plan, et que j'aille visiter la charmante Antioche...

Mais où donc Contenau est-il passé? A ses rêves ! Il a couru à ses manies, comme je demeure aux miennes. Il est retourné aux fouilles que nous avons traversées dans l'intérieur du Tell. Ce que nous y avons vu, c'est, paraît-il, sous des ruines gréco-romaines, l'enceinte même de la ville hittite. Les Anglais ont retrouvé ses portes, que gardent des lions, et des bas-reliefs, posés en plinthe le long des édifices, où se voient des défilés militaires et religieux. Ces sculptures, qui datent du début du premier millénaire avant notre ère, ne sont pas, comme on l'a cru longtemps, de l'art assyrien et dégénéré. Au contraire, elles précèdent la belle période de l'art assyrien et, comme lui, elles constituent un rameau d'un art plus général qu'on peut qualifier de mésopotamien...

Je vous rapporte tout cela, tel que me le raconte Contenau dans le train qui nous ramène à Alep. Il est tout émerveillé des 250 000 francs que le British Museum vient de dépenser là en quatre années ; une grosse somme pour un budget d'archéologie, mais dont il juge que les résultats sont très beaux. Pour moi, je vous avouerai que je n'ai pas vu grand'chose, car les Anglais ont collé des bandes de papier sur leurs trouvailles, pour empêcher qu'on les admire et surtout qu'on les photographie.

Détail qui me frappe aujourd'hui : ces fouilles de Karkemish étaient dirigées en second par le colonel Lawrence, qui, dans la suite, devait déployer tant d'acharnement contre la France, et susciter contre nous la sinistre aventure de Fayçal. Pour les Anglais, comme pour les Allemands, à Karkemish comme à Baalbek, les chantiers de fouilles sont, autant que des centres de science, des centres d'information. Et le colonel Lawrence me semble faire le pendant du professeur Oppenheim.

Ah ! j'ai tort de trop me contrarier si j'arrive mal à comprendre les luttes des Hittites et des Assyriens, et si elles demeurent sous mes yeux quelque chose d'aussi sec et d'aussi inhumain que les batailles de coléoptères que nous racontait l'entomologiste Fabre. J'ai sous les yeux, pour me dédommager, la lutte des Français, des Allemands et des Anglais dans Alep. Rien n'a profondément changé, à cette croisée des routes éternelles que suivent les principales caravanes, depuis la Mésopotamie et la Perse jusqu'à la côte, et les Allemands, amoureux de la force et jouant au surhomme, se piquent d'y ressusciter la manière babylonienne.

(En relisant ces notes, me sera-t-il permis de regretter que nos derniers accords avec la Turquie, qui fixent la frontière à la voie ferrée et ainsi nous attribuent la gare et le village de Djérablous, laissent en dehors de notre zone et de la pioche de Contenau, à 500 mètres au Nord, le Tell des Hittites qui, je crois, n'intéresse que très peu les Turcs?)

UNE NUIT AU CARAVANSÉRAIL

Au quitter d'Alep, à sept heures du matin, nous avons fait un peu de chemin de fer, puis à neuf heures, nous sommes descendus dans une gare où nous attendait une voiture. Et alors, grande journée monotone, d'un profond agrément. Quel repos que la fatigue physique toute seule ! Quelle détente de se laisser presser et pénétrer par la lumière, le grand air, les images successives, sans s'efforcer de rien lier, de rien organiser, de rien interpréter ! Toute la dignité de l'effort est déléguée à notre cheval. Nous roulons sur un long plateau entre deux chaînes de collines. C'est quelconque. Nos gens nous ont promis que nous déjeunerions sous un arbre. J'interroge, sous le soleil et le vent, la campagne : elle est complètement chauve.

Enfin, dans cette monotonie, nous arrivons au bout du plateau que nous suivons depuis quatre ou cinq heures, et soudain au bout d'une descente, là-bas, nous apparaît le lac d'Antioche, bleuâtre, au pied de hautes montagnes portant elles-mêmes des vapeurs d'azur. Et second miracle : un platane !

Nous y courons. Il est deux heures. Sous ce platane, où Xerxès eût suspendu une couronne d'or, nous déjeunons auprès d'une source. On parle des privations des explorateurs! Sans doute, mais n'oubliez pas leurs délices d'ouvrir une boîte de confitures, une heureuse conserve de petits pois.

Vers quatre heures, traversée d'une plaine où des herbes trahissent le marécage. Un pays si infesté de moustiques que parfois ils empêchent de passer. Aujourd'hui le grand vent brise leur malice. Au reste, le matin, on nous a recommandé de prendre de la quinine. Puis on monte légèrement vers un col entouré de collines dénudées.

Toute cette route est semée, à droite et à gauche, dans les terres, de groupes d'habitations. Logés dans des espèces de paillotes nègres, huttes de terre sèche mêlée de roseaux, des villageois cultivent, font la récolte ; et ma foi, s'ils n'étaient pas habillés comme les frères de Joseph dans l'opéra de Méhul, s'il n'y avait pas leurs chameaux, je les prendrais dans ce canton bien cultivé pour des paysans de chez nous.

A cinq heures, nous franchissons, sur une suite de ponts, des marécages couverts d'épaisses forêts de roseaux. C'est le lieu redoutable de Mourad Pacha, des marais remplis de loutres qui se sèchent par bandes au soleil déclinant. Elles courent et se jettent à l'eau...

La soirée devient royale de beauté. Le soleil rayonne de la montagne et illumine ces terres aqueuses, où pataugent des troupeaux de buffles, marqués au fer d'un croissant surmonté d'une étoile. Ils appartiennent au sultan. Le paysage a pris un caractère heureux. C'est une solitude pleine de rêverie. Des cigognes se promènent lentement sur les marécages ; des nuages dorés enveloppent les cimes de l'horizon.

Enfin, au soir, en alignement de la route, nous trouvons le caravansérail. Kirik han, « le caravansérail brûlé », un lieu sinistre, ensanglanté, anéanti par le fer et le feu, lors des massacres des Arméniens en 1909.

On passe sous une voûte, on pénètre dans une cour, d'où un escalier nous mène à un balcon qui longe toutes les façades. C'est sur ce balcon qu'ouvrent les chambres, niches misérables où les murs de plâtre sont couverts de graffites arabes, et dont le plancher mal joint laisse voir et respirer les écuries sur lesquelles elles sont construites. A ma fenêtre, pas de vitres, des volets de bois. En fait d'ameublement, une énorme lanterne, que je tiens à la main pour circuler. Comme distraction, la vermine...

Dire qu'il y a des voyageurs qui trouvent ce genre d'auberge intéressant, pittoresque ! Ah ! lecteurs, que le ciel vous épargne ces piteuses délices !

J'y trouvai pourtant la plus aimable compagnie, un contremaître de la Société française des routes de l'Empire ottoman, pour qui son inspecteur, M. Albert Plait, la veille, à Alep, m'avait donné une lettre. Ce jeune homme, nouvellement marié et bien empêché de trouver aucun logement dans un pays si misérable, s'accommodait, comme il pouvait, avec sa jeune femme, de ce gîte insalubre. Tous deux atteints par les fièvres, ils se préoccupèrent de nos risques d'un soir, sans avoir une plainte sur les mois qu'eux-mêmes passaient dans cette misère. Ils voulurent partager avec nous leurs boîtes de conserves et, d'abord, leur bromhydrate de quinine. Nous dînâmes devant leur chambre, sur l'étroit balcon que nous interceptions complètement, au point que l'Arabe qui nous servait, devait enjamber la balustrade et se tenir en dehors, au-dessus du vide, pour nous offrir les plats. Une grosse lanterne nous éclairait, autour de laquelle couraient et chantaient les moustiques pernicieux. « Un moustique de Mourad Pacha, dit le proverbe, c'est bien, mais un de Kulek-Boghaz suffit pour traîner une charrette. »

Humble et courtoise réception, soirée si française par la vaillance et la politesse de ces cœurs ouvriers ! Tous deux, ces jeunes gens, étaient bien les représentants de l'Occident, qui n'accepte pas les fatalités, qui croit que l'on peut dessécher les marais, construire les routes, éviter les fièvres, au moins les guérir. Leur confiance dans leur bonne chance était absolue. Ils nous racontèrent leur histoire. Ils arrivaient d'Algérie ; de gros appointements les avaient attirés ; le gouvernement turc voulait à tout prix hâter les travaux, mettre en état ce tronçon de route, d'Alep à Alexandrette. Ils prenaient leur parti de six mois de risque, et comptaient s'en retourner, avec une petite fortune, guérir paisiblement leurs fièvres au bon air de France.

Et tout cela, tout cet effort (en juin 1914) pour que la mobilisation turque pût se faire plus aisément ! Ni eux, ni moi, nous n'eûmes le soupçon que la guerre se préparait là sous nos yeux. En principe, je la savais inévitable ; je l'attendais depuis des années, et ce soir-là, dans ce canton perdu d'Asie, je la surprenais en plein travail de préparation, sans l'entendre ni la reconnaître !

Au petit jour, comme le scaphandrier qui regagne la surface de l'eau, nous émergeons de cette misère... Mais nos deux gendarmes d'escorte, lassés de nous voir, ont disparu durant la nuit, et, fait sans précédent, sont repartis en négligeant même de nous demander le pourboire ! Heureusement, notre voiture nous reste. En route pour Antioche.

Que la nature est fraîche, toute jeune ! Comme il est évident que cette souveraine n'a que faire de songer si les moustiques et les bipèdes se disconviennent. Pour elle, nous ne sommes que d'imperceptibles frissons ajoutés pour une seconde à cette fièvre, insignifiante elle-même, qui agite la surface de la terre. Respirons, jouissons de la minute qui passe.

Nous côtoyons des marécages où naviguent des tortues d'eau, où je vois fuir plusieurs serpents, et voici que s'avance à notre croisée, un cortège de chameaux qui, refusant de se déplacer d'une ligne, jettent notre voiture dans cet infâme cloaque. Nous n'avons que le temps de sauter à terre. Et tandis que les nobles bêtes s'éloignent sans une excuse, il nous faut procéder au sauvetage de notre véhicule.

Brusquement, au lieu de gravir les montagnes qui nous masquent le rivage, et derrière lesquelles repose Alexandrette, nous tournons à angle droit sur la gauche, pour courir le long des hauteurs vers Antioche.

Le pays prend les airs aimables de la fable. Un chêne vert, isolé au-dessus d'un étang, fait un enchantement, et un gamin, qui nage en battant l'eau avec ses pieds, semble un triton. C'est vraiment un délicieux plaisir, par une matinée de juin, de traverser ce paysage nouveau, plein d'oiseaux chantants, et qui porte un grand nom familier. A notre gauche, l'horizon sur le lac est tout d'azur et d'argent. Notre route est semée de sources qui coulent en fontaines, forment des abreuvoirs, s'épandent en ruisseaux. Nous allons droit sur une large chaîne de montagnes, qui s'abaisse à droite et peu à peu laisse voir une ligne blanche escaladant sa hauteur. Cela ressemble à un dessin de fortification. Cela ressemble...

— Cocher, là-bas, dans le fond, contre ces hautes montagnes, au point où elles s'abaissent, ce groupe d'arbres et de maisons, et, plus au large, ces murs escaladant la hauteur, qu'est-ce donc?

— Antakiyé.

— La vieille Antioche ! C'est d'ici que les Croisés l'aperçurent. Comme elle est belle, émouvante, et que nous la désirons ! Je savais bien que je l'allais voir, et pourtant sa vue m'étonne, me saisit, me surprend. Comme elle ressemble à ses portraits ! Une étroite oasis contre la montagne, et ses fortifications grimpant la côte, courant sur les cimes. Je suis impatient d'y pénétrer, et pourtant je me réjouis d'avoir une heure encore de route pour bien me préparer à y être heureux.

II

ANTIOCHE

Au seuil d'Antioche, sur le pont de l'Oronte, un homme s'approcha rapidement de notre voiture, nous nomma et se nomma. Il tenait à la main une lettre des Pères Capucins, une invitation à venir loger chez eux. Depuis deux jours, il nous attendait là. Nous le suivîmes. L'humble maison de bon accueil! Quelle amitié nous y reçut! Pauvreté, silence, gentillesse, tout y touchait le cœur et reposait des voyageurs exténués. La petite cellule respirait la saine odeur d'un large lavage au pétrole, qui fut répété chaque matin. Pas de punaises, pas de moustiques. Un petit déjeuner remarquable.

Mais je m'attarde aux choses secondaires. On pense bien que, sans plus attendre, j'eus à visiter, avec la pompe accoutumée, les classes de mes hôtes. Des petits gros Turcs, bien râblés, après nous avoir donné un échantillon de leur culture intellectuelle, passèrent à la culture physique et firent superbement leurs exercices respiratoires, en chantant à notre gloire une chanson que les Pères leur avaient apprise.

— Vous voyez, me disent ceux-ci, nous avons à cette heure soixante-cinq élèves. Nous leur donnons l'enseignement primaire français et arabe, et, pour lutter avec la mission anglaise, nous avons ouvert un cours d'anglais. Soixante-cinq petits garçons ! Nous en aurions aisément trois cents, Grecs, Arméniens, Musulmans, mais nous sommes si pauvres ! Songez qu'il n'y a pas douze de ces enfants pour nous payer. Et combien? Quarante-cinq francs par an. Quant au gouvernement français, il nous donne une allocation annuelle de trois cents francs. Aussi vous voyez dans quels locaux étroits nous sommes confinés... Malgré notre misère pourtant, depuis cinq ans, au fur et à mesure des occasions, nous avons acheté pour quinze mille francs de terrains contigus à notre résidence. J'ai en vue deux petits immeubles. Ils nous coûteraient dix mille francs... Avec vingt mille francs de bâtisses et de frais, en tout une affaire de trente mille francs, nous serions installés de manière à faire de l'effet sur la population. C'est dur ! Nous nous heurtons à un fanatisme extraordinaire des Grecs orthodoxes, soutenus avec une grande vigueur financière et politique par la Russie...

Des garçons, nous sommes passés aux filles. Elles sont une centaine, sous la direction des sœurs de Saint-Joseph de Lyon, et parlent un peu de français. Parmi elles, quinze orphelines, arrachées au massacre de 1909. Une petite de cinq à six ans me tend un bouquet. C'est la favorite des religieuses. Quand elles la recueillirent, son père et sa mère égorgés, elles durent d'abord lui trouver une nourrice. Tout cela pauvre, charmant, bien noble. Ces dames et leur petit monde occupent un immeuble « sans façade sur la rue » (ce qui les désole) à raison de neuf cents francs par an.

— Mais, continuent-elles, à chaque renouvellement de bail, le propriétaire, exploitant l'embarras où nous serions de déménager, augmente ses prétentions. Nous voudrions acheter un terrain et faire construire. Avec quel argent? La France nous attribue pour notre école de filles cinq cents francs par an ; et de nos petites élèves, quasi aucune ne paye. Ah! nous trouverions des orphelines tant que nous voudrions, si nous pouvions les nourrir gratuitement. Les Américains en ont eu beaucoup après les massacres...

Ainsi me parlent les capucins et les sœurs de Saint-Joseph, et enfin ils me dévoilent leur grande pensée : fonder un hôpital ou tout au moins un dispensaire. Pour venir à bout de toutes ces ambitions, collège de garçons, collège de filles, orphelinat, dispensaire, ils demandent soixante mille francs :

— Quel que soit l'établissement étranger, allemand ou italien, qui viendra s'installer dans cette ville, d'emblée il obtiendra de son gouvernement un appui de première installation au moins égal à cette somme. Je l'affirme d'après ce qui se passe dans des villes voisines. Eh bien! la France, qui a partie liée avec nous à Antioche, ne sent-elle pas son intérêt de nous aider! Elle sait bien qu'au temps des massacres de 1909, nous tous, religieuses et missionnaires, nous lui avons fait honneur.

« La France sait... » Mais c'est la question, mes Pères! Tandis que je visite les deux écoles, j'ai été rejoint par notre consul, M. Albert Potton. Voilà un homme! Mais qui le connaît? Je puis le peindre en toute liberté, aujourd'hui qu'il est mort ; et je ne ferai pas d'éloquence d'épitaphe, car je copie quelques lignes de ses états de service : « Pendant la crise de 1909, se trouvant à Beyrouth, sur le point de partir en congé, il apprend les massacres d'Antioche, revient en toute hâte à Alep, et rejoint son poste en pleine insurrection. Il use de son autorité pour des Arméniens cachés, et sauve des vies en les plaçant sous sa protection. Le commandant du navire anglais en mission communique ce court rapport : M. Potton domine la situation et le calme est rétabli. »

Des mots bien froids. Mais voyez ce qu'ils contiennent. A Beyrouth, un débat intérieur : « Je suis en congé. Est-il nécessaire que je revienne? » Au retour, d'Alep à Antioche, de grandes chances d'être massacré par les bandes qui battent la campagne. A Antioche, il prêche, il menace les autorités ottomanes, complaisantes aux massacres, et même couvertes de sang ; il hospitalise chez lui, pendant plus de deux mois, plus de cent femmes et enfants, dont plusieurs blessés ; il ramène chez lui plus de trente malheureux qui, de crainte d'être égorgés, se cachaient dans des grottes des environs... Eh bien ! Albert Potton est mort en 1921, pas même décoré. L'excuse de l'administration, c'est qu'il n'a rien fait que ce que faisaient notre consul d'Alep, l'admirable Roqueferrier, et les religieux d'Alexandrette, de Tarse et d'Adana.

Moi, simple passant, j'ai pour devoir de leur rendre hommage, parce que j'enquête sur la spiritualité française en Orient. Ici je pénètre dans la région des massacres, où des pédagogues et des fonctionnaires ont accepté, comme la chose du monde la plus naturelle, l'espèce d'obligation qui leur était faite de devenir des héros. Nos maîtres donnent l'enseignement primaire, l'enseignement secondaire, l'enseignement professionnel, et puis, l'heure venue, pour le même prix, ils montrent la figure de la France. Si j'avais à leur dresser un monument symbolique, je voudrais représenter ce Lazariste, le Père Dillange, qui, en 1910, à Akbès, promenant son école, rencontre un chien enragé, se jette au-devant de la bête pour couvrir ses enfants, et mordu meurt dans d'effroyables souffrances. Quelle image de la haute idée que se font de leur rôle de protecteurs les représentants de la France, religieux ou laïques ! De tels hommes rétablissent dans notre esprit une heureuse moyenne, aux moments où les mauvais aspects de la vie menacent de remplir le champ de notre vision.

LA VISITE D'ANTIOCHE

Au sortir des classes de garçons et de filles, le consul et les deux capucins m'ont emmené visiter la ville. Une petite bourgade, adossée à des rochers stériles, et qui n'occupe qu'un coin de la vaste enceinte dessinée par les murailles antiques. Des ruelles désertes et sans symétrie ; çà et là, des places, qui souvent ressemblent à des mares ; des maisons petites et basses, à cause des tremblements de terre, et qui communiquent par des cours enchevêtrées. Peu de fenêtres et très étroites, barricadées et le plus haut possible. La place des cafés, dans la rue principale, près du pont de l'Oronte, aimable, sans la sécheresse arabe. Tout cela vieillot, gentil, compliqué. On dirait une ville de secret et de mystère.

Nous n'avons pu entrer dans les mosquées, qui gardent des formes d'églises et parfois, paraît-il, recouvrent des cryptes. Basilique de l'apôtre Pierre, où fut trouvée cette sainte lance qui d'abord sauva la première croisade et qui, par la suite, fut disqualifiée ; rotonde byzantine, qui renfermiez une image miraculeuse de Notre-Dame ; et vous, églises de saint Jean Chrysostome, des saints Côme et Damien, de sainte Mesme, de saint Siméon, qu'êtes-vous devenues? Les vainqueurs vous ont-ils islamisées, ou bien la montagne, ravinée par les pluies et qui ne cesse pas de glisser avec les débris de ses fortifications dans la vallée de l'Oronte, vous a-t-elle ensevelies? Nul ne s'en inquiète dans cette petite ville, humble et charmante, d'Antakiyé. C'est assez d'y jouir de la brise de mer qui rafraîchit continuellement l'été, et d'aller s'asseoir à l'ombre des micocouliers auprès de la rivière.

Au milieu de ce village, oublieux et replié sur lui-même, la maison hospitalière du consul. A l'extérieur, une espèce de couvent, et puis on pénètre dans une vaste cour, plantée d'orangers, de néfliers et de mandariniers. Elle sert, au mois de juin, de salle de réception, et sur ses tables s'étalent les journaux, les revues, les livres de France. Nous y avons déjeuné à l'ombre de deux superbes orangers, pour retourner bien vite à notre visite interrompue.

Cette fois, nous sommes sortis de l'Antakiyé moderne, pour nous promener sur l'emplacement de la vieille Antioche, parmi des rocailles, des caveaux, des ronces et quelques vergers. Les siècles ont effacé du sol cette superbe cité, qui fut la troisième de l'Empire, la plus belle et la plus étendue après

Rome et Alexandrie ; et des milliers de chefs-d'œuvre qui la décoraient, on ne peut me montrer que deux sarcophages et la statue d'un inconnu, recueillis dans la cour du sérail. Sur sa poussière subsiste seule la couronne dentelée de ses remparts byzantins. Leurs énormes murailles, flanquées de trois cent soixante tourelles, suivent d'abord l'Oronte, puis escaladent la montagne. Ils enferment dans leur enceinte quatre collines, nous faisant ainsi souvenir qu'Antioche s'élevait en partie dans la plaine et en partie sur les hauteurs. Aujourd'hui, beaucoup de tours, près d'Antakiyé et de l'Oronte, ont été rasées ou transformées en maisons, mais toutes, ce me semble, subsistent, à partir du point où la muraille s'élève le long des pentes et suit les sinuosités de la montagne. J'ai erré tout l'après-midi dans ce désert où rien ne guide l'imagination. Que donneraient des fouilles? Contenau distingue mal sur quels points il les tenterait. Les repères font défaut, les débris du passé ayant été indéfiniment repris dans de nouvelles constructions, elles-mêmes démolies, puis relevées, vingt fois.

A travers un champ de blé, sous les oliviers, les figuiers, les noyers, nous atteignons la place du théâtre, et de là nous contemplons, par-dessus l'Oronte, la plaine que ferme au loin la masse blanche de l'Amanus, noyé dans les vapeurs. Les habitants d'Antioche, quand ils assistaient aux représentations, étaient assis, le dos à la montagne, et avaient cet incomparable horizon comme toile de fond sous les yeux. Les acteurs, au contraire, jouaient face aux rochers qui les surplombaient. Cette disposition fait comprendre ce qui se passa dans ce jour tragique où, tout Antioche étant joyeusement rassemblé au théâtre, l'acteur aperçut par-dessus les têtes du public les archers perses sur la crête du Silpius : « Voilà les Perses ! » criait-il, et si bien, le malheureux, que tout l'auditoire l'applaudit, mais déjà les flèches pleuvaient...

Je regarde la plus proche prairie. Dans ce bel horizon où se reflète, ce soir, un sourire tout plein de divinité, nos aïeux ont terriblement souffert, eux-mêmes impitoyables et menés à la fois par leur avidité et par le plus haut mysticisme. Rien de plus aisé que de revoir les épisodes des deux sièges, celui qu'ils mirent devant Antioche et celui qu'ils y subirent après leur victoire. L'Oronte franchi, ils étaient venus camper dans ces prairies au pied de la ville, mais ils ne purent jamais l'investir totalement : la partie des murailles construite sur la montagne ne fut pas bloquée, le terrain y faisant trop de difficulté ; en sorte que par là-haut, chaque jour, les musulmans furent ravitaillés, tandis que les nôtres mouraient de faim... Laissons nos barons et leurs troupes un peu régulières, pour regarder les ribauds, la sainte piétaille (sainte par ses souffrances au milieu de ses crimes), tout ce peuple de pèlerins-soldats que l'on nommait la gent du roi Tafur. Les voici peints sur le vif par le pèlerin qui rima la *Chanson d'Antioche :*

« Ils ne portent avec eux ni lance ni épée, mais guisarme émoulue et massue plombée ; et le roi Tafur, une faulx qui moult bien est trempée. Ils ont leurs sacs pendus par une corde à leur col ; les côtes, nues ; les panses pelées ; les genoux rôtis ; les chaussures crevées. De quelle manière manger?

Pierre l'Ermite étant assis devant sa tente (là, dans cette brûlante prairie), le roi Tafur y vint et beaucoup de milliers de ses gens étaient déjà morts de faim : « Sire, conseillez-moi, par sainte charité, « car vous voyez que nous mourons de faim et de « misère. » Et messire Pierre répondit : « C'est par « votre lâcheté. Allez, prenez ces Turcs qui sont là jetés morts. Bons seront à manger, s'ils sont cuits et salés. » Et dit le roi Tafur : « Vous dites vérité. » De la tente de Pierre il s'en retourne, et mande ses ribauds. Ils furent plus de dix mille, quand ils furent rassemblés. Les Turcs ont écorché et les entrailles ôtées, et en bouillie et en rôtis ont la chair cuisiné. Assez en ont mangé, mais de pain n'ont goûté. De ce les païens furent grandement effrayés. Appelés par l'odeur de la chair, ils sont venus s'accoter au haut des remparts, et il n'y en a pas un qui n'ait de ses yeux pleuré. Quand il n'y eut plus de cadavres dans les prés, les ribauds allèrent au cimetière déterrer les corps. Tous ensemble ils les ont réunis. Les pourris, ils les jettent dans l'Oronte (ici, dans cette rivière), et les autres, ils les écorchent, et les sèchent au vent. Les seigneurs de l'armée, Robert Courte-Heuse, Bohémond, Tancrède, Godefroy de Bouillon viennent contempler ce terrible festin. Arrêtés devant le roi Tafur, ils lui demandent en riant : « Comment cela va-t-il? — J'ai assez à « manger, dit-il, et je serais moult bien restauré « si j'avais à boire. — Vous l'aurez, » dit le duc de Bouillon. Et de son bon vin, il lui fait apporter une bouteille... »

Inutilité d'aucun commentaire. Il faut se taire devant ces hommes éternels (déjà les vainqueurs de

Verdun). Et près d'eux je distingue les femmes et les jeunes filles qui accompagnaient les chevaliers. « Le jour de la bataille, elles se lient leurs guimpes sur le haut de la tête ; elles prennent des pierres dans leurs manches pour les jeter sur les Sarrasins ; elles remplissent d'eau les bouteilles. » Elles pansaient les blessés et montraient aux mourants le ciel. Beaucoup d'entre elles périrent en soldats.

...Là vous voyez, teute riche dame
Gesir desir la terre morte et ensanglantée.

Un mot de cette herbe encore. Les chevaliers, avant d'expirer, et battant leur coulpe, en avalent quelques brins, faute d'hostie consacrée.

Enfin, un des officiers subalternes de la ville, un Arménien du nom de Firouz, un de ceux qui là-haut gardaient les tours où les Turcs, se croyant en sécurité complète, faisaient mauvaise surveillance, proposa aux nôtres de leur livrer la ville.

A plusieurs reprises déjà, au cours de notre voyage, nous avons parlé de places fortes qui succombent par la trahison de leurs défenseurs. Serait-ce que ces Orientaux se placent à un point de vue différent du nôtre pour juger le loyalisme et l'honneur? C'est plutôt qu'ils ne sont pas unifiés entre eux. Ils servent des dieux divers et ennemis. Au moment où les Croisés assiégeaient Antioche, il n'y avait qu'un demi-siècle que les Musulmans la possédaient. Beaucoup de Grecs et de Syriens chrétiens y demeuraient encore. Cet Arménien, du haut de la tour qu'il était chargé de défendre, voyait la croix érigée au milieu du camp ennemi.

Le 2 juin, vers trois heures de l'après-midi, Bohémond, prince de Tarente, fit prendre les armes à son corps d'armée et parut s'éloigner de la ville, pour aller battre le pays et y chercher des vivres, comme faisaient souvent les chefs chrétiens. Il alla jusqu'à Daphné. Puis, de nuit, il revint brusquement par un des vallons qui sillonnent le pays, et cinquante hommes de choix se glissèrent à l'angle Sud-Ouest de la ville, sous la Tour des Deux-Sœurs, où Firouz veillait. Ils lui firent passer une échelle qu'on attacha au parapet à l'aide d'une corde. Ce fut Foulcher de Chartres qui monta le premier sur le rempart... Mais, la ville prise, d'assiégeants nous y devînmes assiégés ; c'est un nouveau chapitre d'horreur et d'héroïsme.

... Continuant ma promenade, je suis entré dans le petit cimetière latin, et j'ai vu sa caverne, où l'on dit que les apôtres Pierre et Jean réunirent les premières assemblées des chrétiens. Un filet d'eau y court, qui pouvait servir au baptême... Indéfiniment j'ai erré sur ces pentes rocailleuses et dans ces pauvres jardins. Je regardais ces tombeaux creusés dans le roc, syriens plutôt que romains, et qui servirent d'ermitage à des anachorètes, parmi lesquels on cite le grand Chrysostome. Sous le château, on m'a fait voir la grotte où sainte Madeleine se retira pour faire pénitence. Que sait-on d'exact? Mais il s'agit bien d'archéologie ! Je ne cherche ici que l'animation de l'esprit. Le soir tombe. Des voix qui flottaient dans l'air se mettent à parler, car elles ont reconnu mon amitié qui les appelle. Ce désert se peuple d'une foule qui nous tend les bras. Sur ce ravin, au bord de cet Oronte, fut proféré pour la première fois notre nom de chrétiens (4). Ici, nous avons accepté l'appellation qui proclamait que désormais un groupe d'êtres s'étaient formé une conscience commune et se reconnaissaient pour les fils spirituels du Christ. Personne y peut-il passer sans un remerciement à ceux qui nous ont ainsi marqués? Sous leurs tombeaux recouverts par l'Islam, qu'ils entendent la gratitude d'un pèlerin d'Occident.

MUSIQUE DU MATIN

Au lendemain de cette journée d'initiation, ce matin, dans ma cellule blanche, dont les fenêtres demi voilées par des vignes donnent sur les petites cours intérieures, j'entends un bourdonnement d'écoliers qui récitent leurs leçons, et puis un long gémissement, un ruissellement : c'est la roue de la noria qui soulève l'eau de l'Oronte, et c'est le religieux français qui instruit les enfants d'Antioche. Dieu ! que je suis loin de tout, et quelle intensité d'âme dans cette solitude ! Je m'enivre de mes images de la veille.

Elles sont charmantes, les villes de l'Oronte, mais Antioche par-dessus toutes. Homs, Hama, quand elles nous plaisent le plus, n'ont pour nous que des regards muets d'étrangères sous le voile. Elles nous laissent passer, sans que leurs yeux brillants, au-dessus de leurs bouches invisibles, accueillent notre sympathie. Ah ! nous sommes loin d'y recevoir aucune promesse de bonheur ! Ces filles aimables ne revisent pas l'inimitié de leurs pères pour le chrétien. Les deux Syriennes voilées m'attirent, l'une et l'autre mystérieuses, Homs plus sèche, Hama plus aimable avec ses nuits incomparables, mais Antioche la chrétienne, moins strictement voilée que ses sœurs, laisse voir, en plus du regard saisissant qu'elles ont toutes, de la douceur, un sourire tendre. L'Oronte n'arrive pas à mouiller Homs, à peine un coin de Hama, mais Antioche est fraîche, humaine, baignée, aérée, et pour un peu j'inventerais qu'elle respire au milieu d'herbages verts. Ses rues sont étroites, ses maisons pauvres, pressées de pierrailles, de décombres ; sa vaste enceinte, terrifiante ; sa haute montagne jette une ombre lugubre ; on y manque de sécurité : pourtant sa grâce est plus forte. Des ruelles tortueuses, la pénombre de ses bazars, ses mosquées et leurs minarets ne m'empêchent pas de songer au poème du Tasse, à notre *Chanson d'Antioche*, et, sous les vergers de l'Oronte, brille le sourire de Clorinde et des dames de chez nous qui accompagnaient les Croisés. La couleur arabe s'est écaillée, et nous laisse voir une substance parente de la nôtre.

J'aime Antioche, je l'aimais par avance. Elle ne m'a pas déçu. Grand mystère des amours pour des personnes qu'on n'a jamais vues.

VISITE A DAPHNÉ

Daphné, le lieu saint où l'Antioche païenne honorait Apollon et les Muses...

Je chevauchais avec une animation de joie extraordinaire. L'après-midi était beau, ma curiosité excitée, je m'acquittais de l'un des devoirs de ma destinée : j'allais saluer Apollon au milieu de ses ruines, Apollon de qui, pour une faible part, je relève. J'accomplissais le pèlerinage où le monde antique révéra le porte-lyre, parmi des bosquets de lauriers et de cyprès. Ici, les dieux païens, galvanisés par l'empereur Julien, livrèrent au Christ leur suprême bataille, avec des arguments qui gardent encore une force secrète.

Des chemins honteux, rocailleux, désordonnés, assez amusants pour qui chevauche lentement, mais qui témoignent d'une incurie dégoûtante. On suit l'Oronte, puis le laissant, on va droit au mur de la montagne, à travers des mares, des ruisseaux et des fontaines vives, pour s'engager soudain dans un vallon de lauriers roses qui se termine en cul-de-sac, et d'où l'on domine une pente rapide glissant à la mer. Un site plein d'arbres, un bois sacré, arrosé, inondé de cascades bruissantes qui s'y précipitent de toutes parts, ruissellent, luisent fraîchissent, étincellent ; un sol comme une éponge où l'on ne peut descendre qu'en risquant mille entorses. C'est une diversité de cent cascades, et, à tous les étages, des terrasses de platanes, de peupliers, d'oliviers. Quel bruissement de fontaines ! Quelle épaisseur de verdure ! A travers les ronces, je me fraye un passage, sous les grands arbres, en cherchant mon équilibre, de pierre en pierre, au milieu de l'eau éclatante et assourdissante. Suis-je devant l'antique sanctuaire? devant les derniers débris des maisons de plaisir? devant les églises chrétiennes? Cette eau des fontaines, c'est toujours la nymphe aux cheveux dénoués qui voulait fuir quand le Dieu la transforma en laurier.

J'admire avec ravissement le génie rapide des Hellènes et ce temple qui se dressait comme une explication mythique du paysage, Mais c'est trop peu que mon hommage ; j'apporte au Dieu les dévotions de mes vieux maîtres, les Louis Ménard, les Leconte de Lisle, que je sens qui m'accompagnent ici avec leur part immortelle, et qui m'envient d'y pouvoir prendre, corps et âme, mon plaisir. Et soudain, voici paraître à mon côté le cher disciple de Ménard, M. Émile Lamé ; vous savez bien, celui qui, un beau jour, se jeta par sa fenêtre en s'écriant : « Je m'élance dans l'éternité. » Race des fols, innocente filiation des Ballanche, des Gérard de Nerval, des Ménard ! J'ai cru voir dans le soleil éblouissant de Daphné, au milieu des noirs lauriers, Lamé prendre au creux de sa main l'eau sacrée qui s'enfuit, en faire une triple libation au Dieu, aux Muses, à saint Babylas, puis entonner la louange de Julien l'Apostat qu'il disait un des esprits les plus chrétiens qui furent jamais : « Si ce grand homme vivait de nos jours, avait-il coutume de dire, il serait prêtre et journaliste catholique, catholique de ce catholicisme que professe un abbé Gerbet quand il voit le dogme générateur du christianisme dans toutes les religions avant Jésus-Christ, et qu'entrevoyait le grand Joseph de Maistre dans ses moments lucides quand il nous peint le christianisme comme la meilleure satisfaction aux instincts religieux que la race européenne a manifestés de tous temps. Au lieu de mettre le christianisme en opposition avec le paganisme, Julien, — c'est toujours Lamé qui parle, — nous montrerait le Sacrifice, l'Incarnation, la Rédemption, comme le fond mystérieux de tous les cultes païens. J'en appelle, s'écriait-il, de saint Ignace à saint Thomas, de saint Thomas à saint Augustin, de saint Augustin à saint Athanase, de saint Athanase à ses maîtres les Alexandrins, Plotin, Jamblique, Ptolémée et Hipparque, des Alexandrins à Aristote et Platon, leurs maîtres avoués, de Platon et Aristote à Anaxagore, Parménide, Philolaüs, introducteur des doctrines chaldéennes et égyptiennes dans la science et la religion grecque, et d'eux tous à Homère, père commun de la poésie, de l'art, de la religion et de la philosophie des Grecs et des Latins, et créateur de ce langage, de ce Verbe que nous adorons depuis tant de siècles... »

Fol charmant, lui dis-je, laissez que je m'enivre de l'atmosphère et que j'ajourne de raisonner. Dans ce vallon sacré, sous ces bosquets chargés d'un sens éternel, accueillons ce qui flotte encore d'enthousiasme apollonien. Sachons ressentir d'abord ce que plus tard nous nous occuperons à nommer. Si tu veux que j'entende que tout ce qui devient s'écoule, je préfère l'apprendre de la Nymphe, qui jaillit, ruisselle, s'enfuit, s'échevèle, et de la source qui jamais ne s'épuise...

Je fais cueillir de longues branches aux feuilles luisantes et sombres, que je prie chacun, dans notre escorte, de porter. Nos chevaux sont tous glorieusement feuillus, et nos têtes laurées. C'est le retour de chez Apollon. O Chassériau (je n'ose invoquer Delacroix), que n'êtes-vous là pour peindre notre cortège enivré ! Je distribuerai mes lauriers aux sept poètes français, les meilleurs de ce temps, et par poètes, j'entends ceux qui créent de la poésie, qu'ils usent ou non de la rime. Rime, rythme, mesure ne sont que des moyens pour conserver un peu de l'émoi qui nous a un jour soulevés, et pour le transmettre au lecteur. Est-ce que Pascal, d'un jet si profond, si fort, si brûlant, rimait? Poème, c'est toute parole où nous avons su déposer l'expérience des contacts qu'il nous est donné d'avoir, à nos heures privilégiées, avec une force ineffable, et d'une telle manière que ceux qui répètent après nous nos versets se trouvent à leur tour envahis, soulevés. Mon laurier de Daphné, je le réserve à ceux qui savent hausser et dilater les âmes.

... Mais soudain, un de ceux qui nous accompagnent s'approche, et me montrant un vieillard qui porte un caftan rayé de rouge, une large chemise blanche, une ceinture couleur de toile d'emballage, un tarbouch enroulé d'un turban :

— Voilà, me dit-il, un chef de notre religion. Vous permettez que je le salue? Il a honte et il s'en va.

Et se jetant à bas de cheval, il appelle le vieillard pour lui baiser la main...

Il me présente. Nous causons. Ces messieurs sont des Nosséïris. Le vieux chef m'explique qu'ils n'ont pas d'église, car Dieu est partout. Parfois il réunit ses fidèles et récite devant eux les prières, comme qui dirait la messe, et puis il leur distribue des conseils.

— Croyez-vous, lui dis-je, que vous êtes les fils des Croisés?

Il ne comprend pas.

— Vos femmes ne se voilent pas?

— Entre nous, non, mais nous nous cachons des Turcs ; nous n'avons pas confiance.

A ce moment, une petite troupe d'enfants et une femme arrivent, d'un pas très rapide, en pleurant. Les filles et la femme poussent des cris retentissants, les garçons gémissent à sec, avec un visage admirable de gravité. Je m'informe. On me dit : « Leur père, qui était allé travailler à Beylan, y est mort. On l'a enterré là-haut. Ils viennent d'apprendre la nouvelle, et ils s'en vont le pleurer dans un champ d'oliviers. »

Le groupe est mené par le fils, l'héritier, maintenant le chef. La figure de ce très jeune homme, pareille à celle de l'Éphèbe dans l'Arc de Triomphe, son pas rapide m'émerveillent ; il est tout rayonnant de cette sorte de noblesse que confère une douleur vraie, approuvée par les hautes disciplines humaines. Cet orphelin ne pleurait pas ; il chantait une complainte, sans doute quelque cantilène rituelle.

Quel spectacle ! En vérité, Apollon me fait bon accueil. Il m'a comblé, aujourd'hui. J'essaye d'analyser mon prodigieux plaisir. J'ai vu le culte des fontaines ; j'ai songé à mes vieux maîtres ; les enivrements de la jeunesse et de la gloire m'ont été sensibles au milieu de cette forêt de lauriers ; puis ce fut l'appel de la religion, quand ce vieux prêtre parut ; et la mort par-dessus tout, le regret, l'appel sans écho de ce fils au milieu de la campagne.

LE DINER AU KONAK

Ce soir, la municipalité d'Antioche a la gracieuse idée de nous offrir une petite réception. Ces messieurs m'ont fait voir au bord de la rivière, sous les vieux noyers, le jardin où nous pourrions dîner et passer la soirée. C'est la sorte de poésie, inexprimée et déchirante par excès de beauté, que j'ai appelée toute ma vie, mais je redoute ce qui doit y voltiger de moustiques et de névralgies, et je n'ai pas caché que je préférais un repas entre quatre murs. C'est donc à l'hôtel de ville, au Konak, qu'à mon retour de Daphné, je vais, avec MM. Potton et Contenau, rejoindre nos aimables Turcs.

Nous sommes une dizaine, autour d'une table où se succèdent et s'emmêlent trois, quatre repas. A plusieurs reprises, quand nous avons mangé potage, poisson, viande et pudding, on voit réapparaître potage, poisson, viande et pudding. La conversation est moins abondante que le menu. Nos hôtes ne parlent pas plus français que nous turc. Tout doit passer par M. Potton, qui, la figure impassible et souvent gracieuse, assaisonne de commentaires impayables les propos qu'il nous traduit.

Le chef de la municipalité, un homme dodu, d'expression morne, s'est lancé dans un récit.

— Voyez ce vieux massacreur, nous dit M. Potton, comme il est courtois ! Si vous saviez ce qu'il a de sang arménien sur les mains ! Et que de galanteries il me charge de vous exprimer ! Va, mon ami (et il s'arrêtait de nous parler en français pour remercier en belles phrases chantantes le Turc).

— Et cet autre, monsieur Potton, que dit-il?

— Cet autre, un commandant de gendarmerie, il dit, le vieux coquin, que des bandes de brigands infestaient l'Amanus, et qu'il s'en est attristé, parce que de nobles étrangers comme vous n'auraient pas pu voyager en sécurité. Il les a saisis, il a coupé le cou à treize d'entre eux. Pour que l'exemple profitât partout, il a mis les têtes sur une voiture, avec des fleurs derrière les oreilles et une cigarette dans la bouche, et a promené la voiture dans tous les villages.

— Étaient-ils tous coupables, ces treize?

— Pour quelques-uns, il dit qu'on avait des témoignages ; sur d'autres, rien. Mais ces derniers avaient eu de mauvaises fréquentations et auraient mal tourné. Alors, un jour, il leur a laissé prendre la fuite, et quand ils étaient à quelques pas, il leur a tiré dessus. Voilà, ils avaient voulu se sauver...

— Est-ce légal, tout cela?

— Nous avons le code français, mais il est pour un pays plus civilisé que le nôtre. Il faut que vous nous permettiez de sortir un peu de la légalité pour rétablir l'ordre.

Il se rengorgeait.

— Voulez-vous, nous dit-il, que je vous donne des gendarmes, demain, pour traverser l'Amanus?

— Merci, colonel, vous l'avez épuré.

(Depuis 1914, j'ai eu des nouvelles du personnage. A la déclaration de guerre, peu après notre passage, il a tout confisqué chez Potton. Il fouillait les armoires, prenait l'argent. « Mais je suis consul de France ! » Le Turc répondait en montrant son revolver : « Je ne connais plus que cela ! »)

Je suis revenu de ce dîner avec une nuance nouvelle dans mes impressions. Cet Orient, dont ma curiosité me faisait croire que je l'aimais, m'inspire une nuance de dégoût. Eh bien ! travaillons à comprendre... Les religieuses me racontent qu'elles ont pour voisin un notable Turc, qui est d'un caractère obligeant. Un jour, elles l'ont prié de venir tuer un serpent qui s'était glissé dans leur maison et les épouvantait. Par la suite, cet homme serviable a été un terrible massacreur d'Arméniens. Elles se sont risquées à lui en glisser un reproche : « Pourquoi avoir fait cela? » Et lui : « Pourquoi m'avoir appelé pour tuer le serpent qui était dans votre maison? »

C'est moins l'Orient que l'humanité elle-même qu'on doit tenir en suspicion et continuellement harmoniser. Il faut une seule religion et qu'elle soit de qualité éminente. Entretenons avec ardeur ce qui fait notre unité, c'est-à-dire la plus haute culture spirituelle. Et vivent nos missionnaires, prêtres et religieuses !

Tard dans la nuit, j'ai causé avec les deux capucins. Ces pauvres gens, tous deux seuls dans cette maison, et je crois, dans Antakiyé, avec le consul — car s'il y avait d'autres Français, voire des clients de la France, on les aurait convoqués pour que je leur serre la main, — ces pauvres gens sont encore plus émouvants qu'aucun des religieux que j'ai vus de tout mon voyage. Et pas un mot sur leur personne. Ils ne voient que leur tâche et leur congrégation. D'ailleurs, quelle histoire instructive à travers les siècles ! C'est en 1625 qu'ils arrivèrent ici, par un effet des grands desseins de cet homme de génie (génie en Orient et génie sur le Rhin) que fut le fameux Père Joseph (5). Leur mission était française, et le demeura jusqu'en 1810. A cette date éclate l'inévitable conséquence de la fermeture des établissements religieux en France par la Révolution. Les capucins français d'Antioche moururent l'un après l'autre ; faute de recrues françaises, la Propagande les remplaça au fur et à mesure avec des Italiens ; et, en 1810, le dernier de nos vieux moines ayant disparu, toute la mission de Syrie et de Cilicie devint italienne.

Il en fut ainsi jusqu'en 1902. A cette date, la pénurie de sujets italiens et l'administration déplorable d'un supérieur de la mission syrienne obligèrent la Propagande à restituer aux capucins français cette mission de Syrie que pendant deux siècles, de 1625 à 1810, ils avaient desservie.

Ainsi l'étude de notre passé nous conseille l'espérance. D'heureuses circonstances nous ont toujours permis de réparer nos fautes. Nous nous « débrouillons ! » Mais tout de même, quelle indignité dégoûtante de retomber dans des erreurs déjà éprouvées et réprouvées ! Allons-nous accepter qu'il arrive une nouvelle fois ce qui est arrivé lors de la grande Révolution? La haute pensée française sera-t-elle impuissante à prévoir les événements et à éclairer les esprits? Cette mission d'Antioche et sa voisine, celle de Khoderbek, comptent six missionnaires, dont trois Français, un indigène et deux étrangers. En Syrie et en Cilicie, sur un total de trente-quatre capucins, il n'y a que vingt et un Français. Encore sommes-nous dans une période exceptionnellement favorable, parce qu'après 1903, à la suite de l'expulsion des congrégations, plusieurs capucins sont venus en Orient. Mais qu'adviendra-t-il dans dix ans? Mes deux hôtes pressent leurs supérieurs d'objurgations pressantes, pour qu'on ne les laisse pas périr sans héritiers français. Les supérieurs répondent qu'ils n'ont personne à leur envoyer, parce qu'il n'y a plus de noviciats en France.

L'ADIEU

Après trois jours, à cinq heures du matin, je quitte mes chers religieux, la bourgade au grand nom et l'Oronte. Trois jours, et pour jamais une épaisseur de songeries !...

Toutes ces villes de l'Orient, je les vois comme un cercle de jeunes femmes, entre lesquelles je fus invité à choisir. Damas est leur reine ; soit ! j'éviterai de contredire une désignation unanime, mais l'entrain me fait défaut auprès de cette professionnelle beauté de l'Asie. Elle manque trop de solitude et d'intimité. Mon cœur ne met rien au-dessus d'Antioche. Le vieux poète Firdousi, parlant d'un bois qu'il a vu au milieu d'une large plaine, s'écrie : « Vous n'auriez pu le quitter, tant il était beau, parfumé et arrosé d'eau courante. *On aurait dit que l'âme s'en nourrissait...* » Voilà le sentiment indéfinissable que j'ai d'Antioche, au bord de sa rivière, sous de grands arbres immobiles qui ont la courbe du vent. Des femmes voilées de noir, assises sur des pierres, contre les montagnes ravinées de torrents ; une ville tassée, assoupie, demi-submergée dans la plus jeune verdure, et par-dessus, là-haut, le grand mur sérieux de Byzance et des Croisades : quelle image, dont je me nourris ! Je suis amoureux d'Antioche.

III

D'ANTIOCHE A KONIA, PAR ALEXANDRETTE, ADANA, TARSE ET LE TAURUS

Tout pleins des plus beaux regrets, nous nous éloignons d'Antioche par notre chemin d'arrivée, le seul, je crois bien, qui desserve ce village émouvant au pied de son rocher. Plaine marécageuse (l'antique Syria Pieria), et puis bientôt, à gauche, vers Alexandrette et la mer, les gorges de l'Amanus. Je remonte la route des envahisseurs, la piste que suivirent les Grecs d'Alexandre combattant Darius et les Croisés de Godefroy de Bouillon marchant sur Jérusalem. Je vais franchir, ce matin, au milieu d'arbousiers, de myrtes et de sapins, les portes syriennes, et en peu de jours, par Alexandrette, Adana, Tarse et les portes ciliciennes, j'aurai gagné Konia, un des buts principaux de mon voyage, car voici des années que je rêve de conquérir auprès du tombeau de Djélal-eddin Roumi, le secret des danses sacrées... Jusqu'à cette ville des derviches, je ne prévois rien que désire mon imagination, et je suppose que je vais me borner, dans un agréable repos de l'esprit, à accueillir de droite et de gauche les images que ne manquera pas de me proposer un chemin si fameux.

Vers onze heures, déjeuner à Beylan, village accroché avec ses petits balcons et ses toits rouges sur la pente assez raide de la montagne. Dans cette verdure surabondante de vignes et d'arbres fruitiers, ce n'est déjà plus un village syrien, mais quelque chose d'Europe.

A deux heures, Alexandrette, tout au ras de la mer, sous une buée de chaleur, de fièvre et de moustiques. Je vais me promener sur le port qu'en esprit nous nous disputons tous. Belle rade où veille un vaisseau allemand.

Ici, je suis pris tout entier par la vie la plus actuelle, et attristé par cette supériorité allemande que j'ai déjà reconnue à Alep. L'Allemagne agit sur l'imagination des riches d'Alexandrette, alors même qu'ils parlent notre langue et se targuent d'aimer Paris. Leur opportunisme, leurs doutes mesquins, leur défection m'irritent. Quoi ! les supériorités de la France seraient mises en question, du fait que d'autres peuples conquièrent la prépondérance économique ! Quelle pitoyable appréciation des valeurs humaines !

Je sais où trouver nos amis. Les Frères des écoles chrétiennes sont accourus ici comme à l'appel du canon, quand ils ont su que les Carmes avaient abandonné notre protectorat pour réclamer celui de l'Italie et substituaient l'enseignement de l'italien au français. A côté d'eux, les Sœurs de Saint-Joseph tiennent un dispensaire (trop petit), où elles soignent les malades gratuitement, et elles voudraient ouvrir une salle d'asile gratuite. Ces riches d'Alexandrette qui, me dit-on, se détachent de nous, sont des gens mal préparés, qui ne savent pas le passé, qui ne voient que leur port et le Bagdad. L'efficacité de la France est plus large. Système sublime de ces religieux et religieuses qui, pour soustraire l'idée française à toutes les vicissitudes, la relient au ciel et à ce qui ne meurt pas. La France qu'ils enseignent et dont ils sont les témoins, c'est toujours les *Gesta Dei*. Plaise aux marins allemands, quand ils vont à Alexandrette, de dire : « Nous allons chez nous ! » En dépit de ces fanfaronnades, nous avons une telle avance spirituelle que nous distancerons longtemps l'Allemagne, rien qu'en gardant nos institutions d'enseignement et de charité. On parle toujours de leurs commis voyageurs ; on remarque qu'au long de leur chemin de fer de Mésopotamie s'étendent des terres d'un avenir considérable. Eh ! oui, mais alors c'est aux Anglais qu'ils vont se heurter. Et toutes les questions se régleront, un jour, sur le Rhin.

D'ailleurs, voici un petit fait qui ne manque pas de sens. M. Kosrof G. Adanalyan, un Arménien qui, depuis Alep, nous accompagnait pour nous faciliter les rapports avec nos cochers, et en général toutes les conversations du voyage, vient de nous faire ses adieux. Et quand nous avons désiré reconnaître ses bons services, il n'a jamais voulu accepter un centime : « C'est pour la France, répète-t-il Et puisse son jour venir !... »

ISSUS

Le lendemain matin, à l'heure où nous prenons le chemin de fer qui relie Alexandrette à Adana, les marins du bateau allemand que j'ai vu en rade y montent avec nous. On les promène, pour faire admirer aux populations leur force et leur belle tenue. Nous voyagerons de compagnie jusqu'à Issus.

Issus ! Des champs de blé et des bosquets de peupliers, encerclés par la mer et la montagne. Un joli champ clos, bien dessiné, bien aplani. Ici s'est formée cette jeune figure héroïque. J'ai le culte des heures matinales d'un grand destin ; j'éprouve un attrait enchanté pour la gloire adolescente de ceux qui ont modifié la face du monde. Ici, Alexandre le Grand, l'élève d'Aristote, ayant franchi le Taurus, vint imposer avec sa phalange macédonienne la raison grecque à l'Asie. Je ne m'inquiète pas de la manière dont il était vêtu, casqué et armé. Ici, il a éprouvé son plus grand émoi et gravi la côte d'une fortune inouïe, que l'humanité n'a pas cessé de contempler. Tout l'hellénisme qu'il porte en lui, il va le jeter sur les vieilles civilisations de l'Oronte, du Tigre, de l'Euphrate et du Nil, et produire ces mélanges qui, depuis des semaines que j'y voyage, m'enivrent. Je m'émerveille de reconnaître Issus par ce matin triomphal, et bientôt, à travers des campagnes si coutumières et si françaises qu'elles me donnent l'idée que je perds mon temps à les regarder, nous gagnons Adana. C'est midi.

ADANA

Nous avons déjeuné au réfectoire du couvent des Pères jésuites. J'interroge, je prends des notes. Ne me demandez pas que je maintienne la forme du dialogue aux renseignements que j'obtiens. Mieux vaut tout de suite en tirer la substance.

D'après ce que me disent mes hôtes, cette Cilicie semble le pays de la peur. Dans cet Orient où, partout, j'ai senti l'insécurité, ce pourrait bien être la pire région, parce que les Arméniens, qui ne dépassent guère une moyenne de 17 ou 18 pour 100 dans les vilayets où ils sont les plus nombreux, y poursuivent la chimère d'être reconnus comme une nation, et qu'alors les Turcs trouvent expédient de les tuer.

Dans leur péril, ces malheureux essayent de s'abriter auprès des Occidentaux, en fait, auprès de la France. L'Angleterre et l'Italie cherchent bien à jouer un rôle, et l'Allemagne tire quelque profit moral de la construction du Bagdad, mais c'est à nous que viennent toutes les sympathies ; c'est le français qu'on parle couramment, et on l'apprend auprès des missionnaires.

Ces Jésuites d'Adana, avec qui je cause, sont quatre, assistés de frères maristes et de maîtres indigènes. Ils ont, dans leur collège d'enseignement secondaire, 371 élèves, et dans leur école gratuite tout ce qu'elle peut recevoir, 162 élèves. Depuis les massacres, les musulmans ont, tous, déserté notre école primaire ; ils l'abandonnent aux Arméniens catholiques, mais 24 d'entre eux viennent au collège. Tous ces enfants, quelles que soient leurs races ou leurs confessions, parlent français.

Les sœurs de Saint-Joseph de Lyon dirigent à Adana un groupe d'institutions variées : un pensionnat payant, où 248 jeunes filles, des meilleures familles et de toutes religions, suivent les programmes du brevet simple et du brevet supérieur français ; un externat gratuit de 149 élèves, dont les programmes sont ceux du certificat primaire ; une école maternelle de 115 enfants ; un orphelinat de

118 petites filles ; un dispensaire et un hôpital.

Jésuites et Sœurs, ils ne sont pas encore remis matériellement des massacres d'avril-mai 1809.

— Chez nous, me disent les Pères, tout fut incendié. Chez les religieuses, une bonne moitié de l'école. Au bas mot, 450 000 francs de dommages. Le gouvernement ottoman refuse toute indemnité. Il faudrait une action concertée de toutes les puissances. Nous pouvons l'attendre ! Il y a un Français à Mersine, M. Henri Artus, et les deux drogmans du consulat de France, l'un à Adana, l'autre à Tartous, dont les pertes se montent à plusieurs milliers de livres turques. Les drogmans n'ont été incendiés qu'à cause de leur qualité. Quelle injustice et quelle déconsidération que nos clients soient ainsi traités !

— Cependant vous restez?

— A l'invitation officielle de quitter Adana, par crainte de nouveaux massacres, la Mère supérieure a répondu : « Je resterai, dussé-je y laisser ma peau... »

Ah ! ceci commence à m'intéresser. Il y a des minutes longues dans mon rôle de greffier. C'est bien souvent terre à terre. Mais là notre conversation se détache du sol. Vraiment, la religieuse a ainsi parlé? Pourquoi? Je cherche à me représenter son état d'esprit. Que veut-elle? Des émotions, comme nous autres, gens du siècle?

Les Pères, que j'interroge, me remettent des mémoires où les religieuses énumèrent qu'elles ont perdu maison, vêtements, travaux, et dans ce dénuement entonnent avec allégresse l'hymne de la pauvreté, pour terminer par : « Vivent Dieu et le devoir !

Vive Dieu ! un tel mot, qui se lève de la boue sanglante des massacres, nous transporte aux régions de la plus haute poésie. Je vais faire à mes hôtes respectés un singulier compliment, mais s'il pourrait blesser des mondains, il est, dans mon esprit, une espèce d'éloge, et d'ailleurs, il ne s'agit pas de louanger ces maisons d'Orient, mais de faire respirer leur atmosphère : je n'y ai guère trouvé d'agrément, pas même de repos, sauf peut-être chez les chers capucins d'Antioche, mais partout, sous leurs toits, j'ai éprouvé la présence d'une supériorité morale qui tient à la conception même qu'on s'y fait de la vie. Ce sont des lieux sans grâce, mais des lieux héroïques.

A Adana, j'ai pu prendre une vue de ce que furent, durant les massacres, nos religieux et nos religieuses, et y reconnaître les traits éternels de la France.

Depuis quelques jours, m'a-t-on raconté, d'affreux symptômes annonçaient le drame. Au premier signal (un riche Arménien poignardé à midi, le 14 avril 1907, et les cris de mort éclatant du haut des mosquées), la Supérieure, la Mère Mélanie, dit à ses filles le grand mot : « Ouvrez à tous ceux qui voudront se réfugier chez nous... » Toutes les maisons se ferment précipitamment ; la maison des filles de France arbore le drapeau tricolore; clôt ses volets contre les balles qui sifflent dans la rue, et ouvre ses trois portes. Trois mille Arméniens, parmi lesquels des blessés dont les plaies terrifient les autres réfugiés, s'entassent dans ce pauvre abri. Les Sœurs ne cessent pas de les faire prier. Et aux heures du plus grand péril, quand les égorgeurs passent sous les fenêtres, à genoux, les bras en croix, toute cette Arménie récite le *Salve Regina*.

Cette croyance à l'existence de rapports immédiats entre le monde invisible et la société humaine m'émerveille, et plus encore quand la courtoisie française se joint à cet appel au surnaturel. Les quatre Pères jésuites ont leur collège sur un autre point d'Adana. Deux y demeurent pour accueillir les Arméniens. Les deux autres accourent, au milieu du massacre, pour aider les Sœurs. L'un d'eux reçoit une balle. En le voyant tout sanglant, la Mère supérieure, qui va le soigner, lui dit : « Que vous êtes heureux, mon Père, d'avoir déjà versé du sang ! » Et c'est la même Supérieure, à l'heure du péril suprême, quand la porte est ébranlée par les coups, qui dit à ses filles : « Mes sœurs, que celles qui en ont le courage descendent avec moi au poste d'honneur. » Et de s'aller placer derrière la porte.

D'autres étaient dans de pires dangers, d'autres ont plus souffert. Un officier du vaisseau français, le *Victor-Hugo*, raconte : « ... Les Arméniens ont été tués, déchiquetés, grillés. A ces malheureux cernés par les assaillants, toute résistance a été impossible. Dans d'atroces tortures on leur a fait désirer la mort...... » Mais ces religieux, ces religieuses se sont dressés comme des chefs. Les femmes arméniennes pleurent, les femmes musulmanes courent à la curée et poussent des hi-hi stridents, les femmes françaises restent paisiblement et énergiquement à leur devoir.

Je demande d'aller présenter mes respects aux sœurs de Saint-Joseph de Lyon. Mais d'abord, sur le désir des Pères, nous passons chez le Vali, qui nous fait le plus aimable accueil. De là, chez les religieuses. Elles nous reçoivent groupées autour de leur Supérieure et telles qu'un peintre copierait leurs visages, leurs attitudes et leur cercle, s'il voulait donner une idée de la cour céleste. Cette supérieure, celle des massacres, la Mère Mélanie, dans le monde Mme Mélaval, me répond : « Dieu nous a fait la grâce de ne pas avoir peur ! » De tels mots classent un peuple.

... Quand nous avons épuisé avec les Pères ce grand mémorial, j'essaye de savoir d'eux comment je pourrai m'y prendre pour passer le Taurus. Là, néant. L'un me dit qu'il me faudra huit jours. Un autre admet qu'on peut s'en tirer en vingt-quatre heures, et ajoute : « C'est un risque à courir ! » Un troisième, Dieu me préserve d'un jugement téméraire ! ne songe qu'à faire plaisir au voiturier. Tous de conclure : « Vous verrez bien ! »

— Sans doute, mes Pères, sans doute.

En dehors de l'héroïsme et du train-train de leur tâche, ces nobles gens sont bien insuffisants.

TARSE

Nous avons pris le train, sous un soleil splendide, pour arriver à Tarse, vers quatre heures, plutôt morts que vifs. Cependant au débarquer, une fois que les capucins nous ont montré leur école (une centaine d'élèves, pour la moitié musulmans) et la maison des sœurs de la Sainte-Famille qui, sans aucune ressource, trouvent le moyen d'enseigner le français à 200 petites filles, nous les prions de nous conduire aux divers monuments.

D'abord au « tombeau de Sardanapale », une formidable maçonnerie, longue de cent mètres, large de cinquante, haute de huit. Rien qu'un intérêt d'énigme. Cette maçonnerie figure sur les monnaies anciennes de Tarse. Et puis après? Que dit-elle? De quoi témoigne-t-elle? A quoi peut-elle me faire penser?

— Autrefois, me dit le capucin, elle servait de piédestal à une statue colossale qui représentait Sardanapale faisant un claquement de doigts, et au-dessous cette inscription : « Passant, mange, bois, jouis ; le reste ne vaut pas ce claquement de doigts. »

Ah ! voilà qui sûrement ne vient pas du dandy assyrien. Il connaissait mieux la vie. C'était un homme comblé. Manger, boire, et puis quoi encore? Dieu, que tout cela laissait insatisfait ce grand rassasié ! Cette légende n'exprime pas l'opulente Cilicie antique, mais le cœur de son peuple ruiné. Mon Père, allons voir saint Paul.

Le capucin s'attriste beaucoup qu'il n'y ait à Tarse aucune église catholique dédiée au grand apôtre. Trente mosquées (dont quelques-unes sont des églises islamisées), une cathédrale d'Arméniens schismatiques, un temple protestant, et pour les catholiques, rien qu'un réduit obscur, une sorte de cave !... Je lui promets d'en dire un mot, plus tard. Mais, pour l'heure, je lui demande de me conduire dans le quartier commerçant, de me faire voir dans une échoppe de tisserand quelque Cilicien qui tisse des poils de chèvre, et qui confectionne des couvertures pour tente... Voilà saint Paul ! Avec cette différence toutefois qu'au temps de ce grand homme, Tarse était pleine d'importantes écoles. Paul, au sortir de son échoppe, discutait le long du Cydnus avec les philosophes et les savants les plus illustres.

— Maintenant, mon Père, que je vous ai montré saint Paul, allons voir Cléopâtre.

J'espère la rencontrer, ce soir, dans ses barques sur le Cydnus... Le voilà, le fleuve, qui arrive du Taurus avec une allure de torrent, tout plein de cascades, de rochers et de sables. Mais comment les navires aux voiles de pourpre s'y purent-ils engager? Les bancs de sable, j'admets qu'ils viennent de la montagne, ou de la mer ; on a laissé le fleuve s'ensabler ; mais ces rochers ont été là de toute éternité. Ne me racontez pas que Tarse formait une sorte de port, d'où la mer s'est retirée. Ce Cydnus n'a jamais pu porter que des barques légères, des gondoles... Shakespeare, La Calprenède, Gautier, Évariste Boulay-Paty (qui fîtes l'un des plus beaux sonnets de Cléopâtre), Hugo, Banville, France, Heredia, sachez que Plutarque a exagéré et que la reine aux prunelles d'or, le jeune oiseau de proie, n'a pas trouvé ici assez de fond pour y naviguer... Reste le paysage, d'un romanesque émouvant. Au fond de l'immense plaine, le Taurus, tout en neige au milieu des flammes du couchant, faisait le plus saisissant contraste avec l'immense frondaison des jardins qui relient la ville à la mer.

Nous irons, ce soir, dîner dans cette verdure. M. Boutros, l'ancien drogman du consulat, vient de nous inviter à sa campagne. Quand nous y arrivons, à l'extrême fin du crépuscule, c'est à peine s'il reste assez de jour pour que j'entrevoie le jardin planté à peu près comme les nôtres, avec nos arbres et de puissantes vignes. Nous dînons sur un balcon très large, bien abrité, ouvert sur de grands espaces verdoyants. Selon la coutume orientale, on attendait mon signal pour mettre les viandes au feu, mais je somnolais, n'écoutant que d'une oreille assoupie notre hôte expliquer qu'on lui avait crucifié son fermier arménien. Les cœurs sont durs en Cilicie, et cette nuit respire une douceur virgilienne. J'aurais aimé qu'on m'offrît de reposer jusqu'à l'aube sur un divan de cette loggia, où flottait dans les ténèbres le parfum des jardins. Il fallut retourner à Tarse et s'enfermer quelques heures dans la plus sale des auberges, qui joignait toutes les vulgarités de l'Occident aux négligences de l'Orient, et mariait les derviches avec les Gaudissart. Ma chambre, privée d'ouverture sur les dehors de la maison, s'ouvrait dans une salle de café ! Cette organisation, qui contrarie peut-être les moustiques, favorise chaleureusement les punaises...

Les matinées d'Asie chassent les cauchemars. Aux premières lueurs de l'aube, le monde a retrouvé sa jeunesse. Cependant que notre équipage s'apprête, je cours au marché acheter un panier d'abricots. Puis nous nous installons dans trois voitures : Contenau et moi, dans la première ; dans la seconde, un père capucin, un père jésuite et un de leurs jeunes élèves, le plus méritant du collège, à qui ce voyage est offert comme une récompense scolaire ; et enfin, dans une troisième voiture, nos valises.

Ah ! le triste équipage et les pauvres chevaux ! Encore avons-nous obtenu, Contenau et moi, un fiacre à l'européenne, mais les deux autres véhicules sont des sortes de corbillards où l'on doit s'allonger comme dans un lit ou dans un cercueil.

LA TRAVERSÉE DU TAURUS

A travers la plaine, sur une route convenable, nous courons vers la chaîne immense des montagnes dont la haute muraille ferme l'horizon. Sur toute cette longueur il n'y a qu'un seul passage, Guleck-Boghaz, qu'on appelait jadis les Portes ciliciennes. C'est une fissure si étroite qu'on la fermait avec des portes et qu'en 1830, Ibrahim Pacha dut l'élargir, pour faire passer son artillerie. Nous filons droit sur cette invisible ouverture.

Mais pourquoi s'arrête-t-on? Quel est ce personnage que nos voituriers ramassent et installent douillettement sur mes couvertures, en le couvrant de mes manteaux? Ils me l'expliquent, en riant béatement d'admiration pour leur propre bonté : c'est un vieux, un vénérable, un cheikh qui va en pèlerinage à Konia. Je scandalise mon capucin, mon jésuite et mes Turcs, en jurant que ce saint homme va me couvrir de vermine et que je préférerais de beaucoup le renvoyer à sa famille, étant d'ailleurs tout prêt à me charger de ses dévotions pour Djélal-eddin Roumi. Mais il faut céder, et voilà mon drôle seul dans la voiture et comblé d'égards par nos voituriers.

A midi, halte du déjeuner. Un abri sur le bord de la route, avec du feu à la disposition des voyageurs. En face de cette hutte, une estrade, un arbre, un perchoir où nous nous installons, tandis que nos deux religieux vont préparer notre repas, dont ils parlent avec un doux émerveillement. C'est une conserve allemande, une saucisse aux petits pois, dont je pensai tout le jour mourir. J'en rêvais encore au gîte du soir ! Edmond de Polignac avait coutume de dire : « Manger, c'est le paradis. Les damnés digèrent. » Mon paradis m'est gâté par des milliers de mouches qui veulent y participer.

— Mon Père, en votre qualité de disciple de saint François, si vous leur faisiez un petit discours d'apaisement !

Mais, dans cette disgrâce, un spectacle m'amuse. Le cheikh, à qui nous avons envoyé quelques reliefs, s'agitait sur mes couvertures ; deux jeunes Anglais, attablés eux aussi dans l'abri, se précipitent à son aide et le soutiennent pieusement, de droite et de gauche, pour le descendre et le promener. Voilà des jeunes gens qui m'ouvrent les yeux sur une manière intellectuelle de voyager : ils cherchent à s'assimiler les vertus des pays qu'ils traversent. Eux qui, dans les rues de Londres, négligeront, je le jure, d'assister tant de misères qui les attendent, ils trouvent un vif plaisir, sur les pentes du Taurus, à révérer dans un vieil aveugle oriental quelque chose de divin. Pour un peu, ils l'embrasseraient. Grand bien leur fasse, mais j'aime la mesure et le naturel !

Mon désir était de continuer sans arrêt jusqu'à la station de Bozantis, de l'autre côté du col, et j'avais raison ; l'événement m'a prouvé que nous y serions arrivés dans la nuit, en quinze ou seize heures de voiture. Nos voituriers refusèrent. Intérêt ou tradition, il leur convenait de passer la nuit au han de Tekir, qui domine la descente au pied de laquelle est la gare. Nous y arrivons le soir, à ce han de malheur! Une salle en terre battue, avec un âtre autour duquel sont étendus six à sept voyageurs de la plus sordide malpropreté. Très comique regard de stupeur et d'indignation que nous lançons à nos voituriers, et Dieu me pardonne, aux religieux qui les ont choisis et n'osent pas les commander! Le docteur Contenau pèse les chances de malaria et distribue de la quinine. Les deux religieux ne s'inquiètent que de nous. Ils ont pour consigne et pour désir de nous assurer un voyage agréable, et ils ouvrent une boîte de sardines.

— Merci, mon Père. Je vais me coucher dans les rochers sur le côté de la route.

— Eh bien! nous allons demander à la petite sœur Thérèse qu'elle vous fasse la faveur de passer une bonne nuit.

Depuis une heure, je regarde le ciel étoilé sans dormir. Mais une voix s'élève, une étonnante mélopée d'Asie. Le cheikh exhale ses rêves de pèlerin, et c'est magnifique dans les ténèbres, son appel vers Djélal-eddin. Il chante (est-ce du *Mesnévi*, du *Divan*?) : « Par ton corps, tu es un animal, et par ton âme, un ange, prédestiné ainsi à marcher sur la terre et dans le ciel... » Hélas! les deux religieux, plus rapides que deux aigles, se précipitent et lui ordonnent de respecter mon sommeil. Du rocher d'où je les apostrophe, je ne parviens pas à les convaincre que j'aime la musique mystique, et que la parole énigmatique des grands poètes dans leurs extases était en train de me réconcilier avec cet indiscret errant... Peut-être a-t-il de l'âme!

La nuit fut courte. A trois heures du matin, nos

cochers nous disent qu'ils ne répondent pas de notre arrivée, si on ne part pas immédiatement. Nous voilà debout, mais eux, je crois qu'ils sont allés se rendormir !

Je me rappelle, pendant cette attente, avoir vu passer la poste avec un drapeau turc, et le conducteur sonnant dans un cornet à bouquin des sons rauques, épouvantables. Le fracas magnifique, en pleine solitude, d'une pompe à incendie dans les rues de Paris ! Pour tout le reste, le désagrément d'une panne d'automobilistes surpris par la nuit dans les Alpes.

Il ne faut me demander aucun détail sur ces immenses journées de grand air, d'insomnie, d'abstinence et de chaos. Le Taurus, c'est un nom plus rare que les Alpes ou les Vosges, mais qu'y ai-je vu de mémorable et qui vaille le voyage? James Georges Frazer s'excite beaucoup : « De tous les côtés, les montagnes menacent les nuées de leurs cimes éblouissantes, drapées d'un magnifique linceul neigeux, tandis que leurs flots inférieurs se voilent comme d'un deuil profond dans les ténèbres des noires forêts de pins ; çà et là, des ravins infranchissables déchirent ses versants qui parfois se transforment en effroyables précipices de rochers gris et rouges qui bordent la route à perte de vue. Ces régions sublimes avec leur air vivifiant produisent un ravissement... » J'aime mieux ce qui suit : « Le voyageur qui a laissé derrière lui la plaine de Tarse et sa chaleur étouffante ressent une double allégresse, dès qu'il a débouché du défilé et qu'il arrive sur le vaste plateau d'Anatolie. De hautes montagnes vers lesquelles il jette un regard en arrière ont formé, des siècles durant, une ligne de démarcation entre l'Occident chrétien et l'Orient musulman ; au Midi régnaient en souverains les Khalifes successeurs de Mahomet, et au Nord les empereurs byzantins exerçaient leur pouvoir. Durant des siècles, ce fut le Taurus qui endigua la marée montante de l'invasion arabe... Une série de postes allant du Taurus à Constantinople signalait par ses feux à la capitale byzantine l'approche des envahisseurs musulmans. »

La vérité, c'est qu'avant l'ouverture du tunnel (que les Allemands achevèrent et mirent en exploitation pendant la guerre), le voyageur goûtait dans ces montagnes un plaisir de sport. Mal assis, mal nourris, pressés par un sommeil invincible, dont à chaque chaos nous nous évadions, en même temps que nous risquions de glisser de la voiture, nous paraissions, Contenau et moi, deux pauvres gens ; mais que nous étions heureux ! Quelle expérience que cette prodigieuse simplification où nous sommes sensibles à notre être physique et plongés dans le grand air, noyés dans l'immense nature ! Imbéciles que nous sommes de ne pas introduire, par intervalles, dans nos vies, quelques grandes semaines de cette barbarie, de cette animalité féconde...

Enfin, à six heures du matin, nos attelages échevelés se précipitaient tout au bas de la descente, sur le plateau d'Anatolie, dans la gare de Bozantis.

Notre épuisement, dans cette gare ! Nous regardions la salle d'attente et ses bancs de bois comme un paradis. Que nous aurions passé là une meilleure nuit qu'au han de Tekir ! Mes regrets s'avivèrent, quand le chef de gare nous dit que de Constantinople on l'avait averti de mon arrivée prochaine et qu'il eût à me céder sa chambre ! Mais Contenau accourt, tout joyeux :

— Vous savez, le vénérable cheikh, nos voituriers sont en train de le battre, parce qu'il ne veut pas les payer !

— Ah ! pardon, voituriers hypocrites, la voiture était à ma disposition. Monsieur m'a assez ennuyé, qu'il en ait au moins le profit !

Enfin le train paraît. La gare m'avait ébloui ; le wagon me fut une féerie. A peine installé, je m'y endormis. Contenau, tout de même. Il m'a avoué qu'il avait rêvé qu'il mangeait un fricandeau. Au milieu de ces délices, tout le jour, s'il nous arrivait de lever la tête jusqu'à la fenêtre, nous voyions des gares françaises, la barrière, les arbres verts, quelques voitures dans la cour, de petites maisons avec des tuiles, toute une France digne d'inspirer des vers à François Coppée.

Au soir, à Konia, où nous arrivâmes à 6 h. 30, cette impression fut merveilleusement confirmée. Quelques Français m'attendaient et me conduisirent, à deux pas, à l'hôtel de Mme Soulier. Un hôtel élevé par les soins de la compagnie du Bagdad, exactement ce que nous appelons chez nous « le Café de la gare », tout neuf dans un jardinet dont les arbres sont encore des manches à balais. Quel palais ! quel bien-être ! Je rentre en civilisation. Dois-je manger ou dormir? Dormir.

Dans mon premier sommeil, j'entendis *la Marseillaise*. C'étaient les Assomptionnistes avec leurs élèves, qui, ayant appris mon arrivée, venaient me fêter sous mes fenêtres. La trompette du jugement dernier ou la flûte de Djélal-eddin Roumi lui-même ne m'auraient pas mis debout. Mais douze heures plus tard, je ressuscitai. Je sautai à bas de mon lit, j'ouvris les fenêtres pour mieux entendre les oiseaux et respirer un air divin, et l'un de mes plus grands plaisirs commença. Est-il des moyens mécaniques pour multiplier en nous l'enthousiasme? C'est un problème que depuis sept siècles on prétend résoudre à Konia, au rythme des flûtes et des tambourins. Peut-on ouvrir au *Codex* un chapitre supplémentaire et dresser une nomenclature d'agents matériels propres à exalter l'âme? Connaissons-nous d'expérience certaine ces obscures régions de l'être où l'on voit le matériel et l'immatériel communiquer entre eux et s'émouvoir? C'est ici que je m'en ferai une idée.

IV

KONIA, LA VILLE DES DANSEURS MYSTIQUES

Nous sommes ici dans la région des Assomptionnistes. Leur domaine propre, en Orient, c'est, avec la Thrace, cette Anatolie. Ils sont venus à Konia pour assurer la vie religieuse des ouvriers catholiques, qui travaillaient à la construction du Bagdad, et puis, les travaux achevés, les ouvriers dispersés, ils ont ouvert une école. Ma première sortie, ce matin, sera pour la visiter.

Deux cents petits garçons (des Arméniens grégoriens et quelques musulmans) apprennent le français et la comptabilité. Les deux tiers entreront dans les services du chemin de fer allemand. Je vous promets qu'ils y apporteront un ardent préjugé en faveur de la France ! Jusqu'à cette heure, je n'ai publié ici aucune des innombrables adresses qui m'ont été remises, d'Alexandrie à Constantinople, par les écoliers de nos missionnaires. Eh bien ! laissez-moi transcrire celle qui me fut lue au « collège de la mission Saint-Paul des Augustins de l'Assomption » à Konia. Vous en apprécierez le joli ton oriental et puis ce bel amour de la France que nos missionnaires enseignent aux enfants. Je n'y change pas une virgule.

Monsieur le Député,

Il y a quelques semaines à peine, nous étions réunis en ce lieu pour présenter nos salutations à Son Excellence l'Ambassadeur de France à Constantinople.

Et voilà qu'aujourd'hui votre honorable visite nous permet de manifester à nouveau nos sentiments patriotiques.

Nos maîtres nous ont dit que vous comptiez au rang de ces hommes distingués qui, par leurs œuvres impérissables, méritent le titre d'Immortels. Aussi nous aurions quelque hésitation, nous étrangers, à parler en votre présence une langue au sujet de laquelle les Académiciens sont journellement nos ennemis, si nous ne savions que la première qualité du parler de France est qu'il laisse dire le cœur. C'est cette voix que vos oreilles exercées entendront monter du tréfonds de nos âmes.

Dans un cadre quelque peu agreste, sur ce plateau d'Anatolie où le soleil d'Orient semble, depuis des siècles, avoir anémié les forces de la nature autant que les vigueurs morales, il est un coin modeste, à l'ombre d'un clocher, qui nous paraît une petite France. Nous y venons tous les jours respirer une atmosphère française; et c'est pourquoi, si vous percevez les battements de nos cœurs, si vous pouvez surprendre la chanson qui les berce et le rêve de nos esprits, vous aurez l'illusion de vous trouver dans votre propre pays.

Nous savons que la France est grande, que la France est puissante, que la France est riche de tous les biens; nous savons qu'elle est le centre de la civilisation, le foyer de la science; qu'à son école l'on apprend la distinction, le bon goût, la noblesse des sentiments; que, chez elle, bravoure et vaillance sont choses communes; et c'est pourquoi nous l'aimons à l'égal de notre propre patrie.

Nous vous prions, monsieur le député, de vouloir bien dire tout cela aux petits Français de France ; nous voulons être leurs frères.

C'est au nom de tous les élèves du Collège français Saint-Paul que je le dis et que je crie :

Vive la France!

Après ma réponse, la musique. Je n'ai jamais entendu jouer *la Marseillaise* avec une si farouche énergie. Ces Assomptionnistes savent ce qu'ils veulent et l'obtiennent. Ils me montrent un firman. C'est l'autorisation de bâtir une église. « Sept ans ! disent-ils, il nous a fallu sept ans pour l'obtenir ! »

A côté des Assomptionnistes, les Oblates de l'Assomption tiennent une école de filles et un dispensaire.

— Quel âge avez-vous, petite fille?

— Quatre ans.

— C'est une Turque, monsieur le député.

— Une Turque ! Parfait ! Je ne quitterai pas la Turquie sans avoir embrassé une Turque. Petite fille, me permettez-vous? C'est Loti qui va être jaloux !

Je ne tenais pas en place. J'avais hâte de visiter le monastère des derviches Mevlévis, leur salle de danse, de chant, de poésie, d'enthousiasme sacré, et le tombeau de Djélal-eddin Roumi.

Un si grand poète, aimable, harmonieux, étincelant, exalté, un esprit d'où émanent des parfums, des lumières, des musiques, un peu d'extravagance, et qui, rien que de la manière dont sa strophe prend le départ et s'élève au ciel, a déjà transporté son lecteur... Son lecteur, mais non ! Le charmant

Djélal-eddin Roumi chante et danse son œuvre. Il n'a que faire de mettre un livre dans nos mains pour nous entraîner dans le cercle magique. Si ma bonne fortune m'assiste, je verrai ses derviches exécuter sur sa musique les mouvements savants dont il a donné le modèle. Il se survit dans ses fils qui, depuis sept siècles, répètent ses plus beaux délires autour de son tombeau. Ah! que je suis heureux!

Pour bien prendre mon plaisir, je cherche à rassembler en moi tous les désirs que j'ai eus de ce lieu sacré. Et ce matin, comme je me serais répété les premières strophes de *Mireille*, avant de pénétrer dans Maillane, — *Cante uno chato de Prouvenço*, — ou bien le *Prologue dans le ciel*, sur le seuil de Weimar, j'ai lu les premiers distiques du *Mesnévi*, « la Chanson du roseau », qui nous dit l'ardente aspiration de l'âme impatiente de retourner à Dieu.

Ecoutez la flûte de roseau se plaindre des douleurs de la séparation !

Toujours, depuis qu'ils m'ont arrachée de mon lit de roseaux, mes notes plaintives ont ému les hommes et les femmes jusqu'aux larmes. J'ai brisé mon cœur, en m'efforçant de donner libre cours à mes soupirs et d'exprimer mon angoissante nostalgie de mon foyer. Celui qui vit loin de son foyer aspire continuellement au jour où il y reviendra. Mon gémissement est entendu dans toutes les foules, par ceux qui se réjouissent et par ceux qui pleurent. Chacun interprète mes notes en harmonie avec ses sentiments. Aucun pourtant n'approfondit les secrets de mon cœur. Mes secrets sont contenus dans mes plaintives notes, mais ne se manifestent pas aux sens. Le corps n'est pas étranger à l'âme, ni l'âme au corps. Cependant aucun homme jamais n'a vu son âme.

Cette plainte de la flûte est une flamme et non pas seulement un souffle. Que celui à qui manque cette flamme soit reconnu mort! C'est le feu de l'amour qui inspire la flûte. C'est le ferment de l'amour que possède le vin. La flûte est la confidente de tous les amants infortunés! Elle me contraint à dévoiler mes secrets les plus cachés.

Qui a vu un poison et un antidote comme la flûte? Qui a vu un consolateur aussi compatissant que la flûte? La flûte raconte l'histoire des sentiers ensanglantés de l'amour...

Celui-là seulement dont les vêtements sont déchirés par la violence de l'amour, est complètement pur de toute convoitise et de tout péché. Salut à toi, Amour, qui es notre Platon et notre Galien!

L'amour attire nos corps terrestres vers le ciel, et fait danser les collines mêmes de joie! O amants, ce fut l'amour qui donna la vie au mont Sinaï, quand il fut secoué et que Moïse tomba évanoui.

Si mon Bien-Aimé me touchait seulement de ses lèvres, moi aussi, comme la flûte, je me répandrais en mélodies. Mais celui qui est séparé de ceux qui parlent sa langue, possédât-il cent voix, il est réduit au silence...

Comment de tels vers innombrables du *Mesnévi* et du *Divan* sont chantés et dansés par les disciples du poète, c'est ce que je vais apprendre, en saluant la tombe royale, au milieu du couvent où subsiste l'alliance primitive de la religion, de la musique et du délire. Voilà le vieux roi David ressuscité, voilà notre Théodore de Banville comblé.

LE TOMBEAU DE DJÉLAL-EDDIN ROUMI

Vue du dehors, au premier aspect, la dervicherie est agréable, sans plus, et même assez ordinaire. Derrière une grille de villa, une mosquée blanche et jaune précédée de petits jardins, une fontaine rituelle, des stèles funéraires coiffées du turban, d'étranges loges vitrées, espèces de salons tout bariolés et brillants de miroirs et de pots de fleurs : c'est un assemblage à la fois hétéroclite et banal un peu décevant pour le pèlerin qui croit toucher au pays de ses songeries. Mais sitôt les premiers pas dans l'intérieur, le mystère et le recueillement commencent, et nous sommes saisis par un singulier mélange d'opéra et de chapelle... Je pénétrai d'abord dans une salle de prière, à cette heure vide et obscure, où les fidèles se tiennent, me dit-on, pendant les séances de danse. Des nattes y couvraient le sol. De là, par une petite baie, nous passons dans une seconde salle, couverte d'une coupole que quatre arcs supportent. C'est la salle de danse, bien parquetée de bois blanc ; un skating, aurions-nous dit dans ma jeunesse, quand nous patinions à roulettes ; un dancing, dirait-on aujourd'hui. Et par une baie gigantesque, à droite, nous apercevons le salon des tombeaux... C'est mon but, et j'y cours.

Voilà le cénotaphe du Maître, entouré des tombeaux de ses fils et successeurs, les tchélébis. Ce tableau, éclatant de couleurs et d'un aspect solennel, proclame de la manière la plus saisissante la mission de Djélal-eddin, d'un caractère unique dans l'histoire des lettres et de la religion. Ce grand poète n'est pas seulement le fondateur d'un ordre, mais le chef royal d'une longue dynastie, au milieu de laquelle splendidement il repose. Tous ces monuments funéraires sont coiffés du bonnet légendaire des Mevlévis ou derviches, un haut bonnet de feutre brun clair, et habillés, comme de housses précieuses, de tapis de velours et de soie qui font des épaisseurs et traînent jusqu'au sol. Au-dessus d'eux descendent des voûtes de longs cordons où pendent des lustres, des houppes de soie, des œufs d'autruche, des ex-votos, des bouquets de fleurs enrubannées. Tout autour, des cierges brûlent dans des chandeliers gigantesques de cuivre damasquiné. Puis, c'est tout un mobilier, des pupitres relevés de nacre et d'ivoire qui soutiennent des manuscrits, des brûle-parfums ciselés et niellés, des nattes de jonc et des tapis par terre à profusion. L'air est chargé de l'odeur violente des roses mortes, des œillets, des lis et de l'encens. Une lumière parcimonieuse glisse à travers les vitraux de couleur. Des carreaux émaillés vêtent le bas des murs, et plus haut, çà et là, dans de grands espaces muets, des faïences développent d'admirables inscriptions bleues et noires.

Je me tenais debout devant le tombeau glorieux, et je jouissais d'avoir atteint le but dernier et le plus haut de mon voyage, quand, soudain, je sens une main qui prend mes deux mains croisées derrière mon dos, et qui les ramène le long de mon corps ! Je me retourne. C'est un derviche balayeur, un grand diable à la fois sournois et déférent, et dont le regard me déclare : « Oui, c'est ainsi. »

— Eh ! mon garçon, lui dis-je, quelle mouche vous pique?

— Il prétend, m'explique l'interprète, qu'il n'est pas convenable que vous vous teniez devant le tombeau ayant les deux mains croisées derrière le dos.

— Ah ! par exemple, pas convenable ! Il m'accuse

de manquer de respect, lui qui néglige de balayer le sol autour du tombeau sacré que, moi, je suis venu honorer de si loin ! Traduisez-lui bien exactement mes paroles : j'ai traversé la mer, des terres, et j'ai fait des milliers de kilomètres, par amour pour le grand Djélal-eddin Roumi, et je vais lui donner une gratification pour qu'il m'aide à comprendre les vers du *Mesnévi* qui sont inscrits sur le tombeau.

Et cet audacieux balayeur de me dire, dans un français fort intelligible :

— Ce ne sont pas des paroles du *Mesnévi*, mais du Coran.

Je crus entendre l'ânesse de Balaam parler.

— Comment ! vous parlez français?

— Un peu.

— Et vous connaissez le *Mesnévi*, le *Divan?*

— Je les connais.

— Et vous tournez?

Il fit signe que oui... Il s'exprimait avec peine en haletant et comme un cheval broie de l'avoine. Je le saisis par le bras avec enthousiasme.

— Que faites-vous ici?

— Je balaye.

— Vous balayez ! C'est insensé ! Vous feriez mieux de m'expliquer les parties obscures du *Mesnévi*. Je vous emmène, je vous prends pour professeur.. Nous ne nous quitterons plus. Connaissez-vous Chems-eddin?

— Oui.

— Quel a été son rôle?

Il paraissait un peu inquiet. Il offrit de sortir, et dit que l'on causerait mieux ailleurs.

— Je le veux bien, car j'ai peu l'habitude de discuter, les pieds quasi nus sur des dalles quasi glacées.

Il nous conduisit dans une petite cellule. Un de ses confrères l'avait suivi, et je vis qu'ils se concertaient pour avoir du café.

— Je ne prendrai, lui dis-je, qu'une cigarette et votre science. Comment se fait-il que vous sachiez quelque chose?

— Tous les derviches sont les enfants de Djélal-eddin. Il n'y a pas d'inégalité autour de lui. Il a dit : « Je préfère mes derviches à mes enfants. » D'ailleurs, j'ai été dignitaire. Mon prédécesseur a été exilé. Je lui ai succédé. Il a été gracié et je suis rentré dans le rang.

— Parfait, excellent! Ne prenez pas la peine de me parler de vous. Vous êtes un type qui a eu des malheurs. Il y en a partout. Laissons cela, car je ne suis pas indiscret, pas même curieux. Parlez-moi de Chems-eddin.

A ce moment, un vieux derviche vint annoncer que c'était l'heure du déjeuner.

— Quel ennui! Enfin, s'il le faut, déjeunez. Mais tâchez de me rejoindre, aussitôt que possible, à la Banque ottomane.

Je lui remis ma carte. Il m'assura avec de grands respects qu'il ne mangerait qu'une bouchée.

. . . .

— Viendra-t-il? disais-je quelques minutes plus tard avec anxiété à M. Ernest Noblet, le directeur de la Banque ottomane.

— N'en doutez pas.

— Ce déjeuner, ce n'est pas une défaite?

LA DERVICHERIE DE KONIA

Djélal-eddin commença de chanter : « Il viendra un temps où cette dervicherie sera détruite, mais ceux qui passeront sur son emplacement n'iront pas en enfer. »

— Nullement ! Les derviches habitent où il leur plaît, mais la dervicherie leur sert des repas, à heure fixe. Songez que l'ordre de Konía dispose de cent quatre-vingt mille francs de rente. Votre homme va accourir, sitôt restauré, et permettez-moi de vous dire, avec la connaissance que j'ai du pays, qu'une fois vous parti, il se rappellera encore le chemin de ma maison. Ces saintes gens aiment beaucoup les banques.

M. Noblet avait raison. Au bout d'une demi-heure, le balayeur parut. Je le fis asseoir et lui dis :

— Nous sommes des amis. Parlez-moi de Chems-eddin.

Il était si content de mon amitié que, comme je voulais prendre une allumette, il saisit ma main au vol et, avec grande révérence, la baisa.

— Oui, continuai-je, je ne comprends pas le rôle de Chems-eddin. Est-il son maître ou son élève?

— Chems-eddin avait déjà beaucoup médité et voyagé. Un jour il se dit à lui-même : « J'ai besoin de trouver une âme avec qui causer sur les choses de la création. » Il eut un rêve, et ce rêve lui dit : « Il faut que vous alliez à Konía pour y trouver Djélal-eddin. » Chems-eddin a quitté son pays ; il est venu à Konia ; on lui a dit que Djélal-eddin n'aimait pas les derviches qui s'habillaient mal. Alors il s'est mal habillé, et quand il a vu passer Djélal-eddin dans sa gloire, entouré de ses élèves et monté sur un mulet, il l'a abordé et lui a dit : « Est-ce que Mahomet est plus grand que Bayézid Bastami? »

— Permettez-moi de vous interrompre. Pourquoi

Chems-eddin s'est-il habillé mal? Il voulait déplaire à Djélal-eddim?

— Non, c'est pour attirer son attention et pouvoir lui poser une question. S'il s'était habillé comme tous les autres, il n'aurait pas attiré son attention et n'aurait pu l'approcher dans la rue.

— Très bien ! Continuez. Vous dites que Chems-eddin a demandé à Djélal-eddin : « Est-ce que Mahomet est plus grand que Bayézîd Bastamî? Qu'a repondu Djélal-eddin?

— Djélal a répondu : « Mahomet est un prophète comme Isaac, mais Bayézîd est un homme comme les autres. » — « Alors, continua Chems-eddin, comment se fait-il que Mahomet ait dit : Sois glorifié, tandis que Bayézîd a dit : Que je sois glorifié ! » (*Ce qui signifiait qu'il se divinisait.*) Cette question ainsi posée a fait penser à Djélal-eddin que Chems-eddin était un grand esprit, et sur la minute il se sentit disposé à le prendre pour maître et ami. Cependant il devait répondre, et il répondit : « Bayézîd est comme un enfant qui voit un verre d'eau et qui croit que c'est une mer, mais Mahomet est comme un capitaine qui voit une mer et qui comprend que ce n'est qu'un verre d'eau. Bayézîd Bastamî s'est émerveillé de ce qu'il avait obtenu de sagesse, mais Mahomet savait que cette sagesse humaine, c'est encore peu auprès de l'océan divin, et il rapportait tout honneur à Dieu. » Après cette réponse, Chems-eddin a vu que Djélal-eddin était un grand esprit, et il le choisit pour maître et ami.

— Bravo ! je vous remercie, je suis enchanté ; continuez à me parler de ces deux sages. Qu'est-il arrivé d'eux, après cette conversation?

— Chems-eddin est allé immédiatement, avec Djélal-eddin, à la Médressé. Là, Djélal-eddin avait des livres. Chems-eddin les a tous jetés dans un bassin rempli d'eau. « Les livres ne valent rien, a convenu Djélal-eddin. Pourtant, il en est un que je voudrais garder. » Alors Chems-eddin, sans autre indication, a retiré du bassin le livre auquel songeait Djélal-eddin. Et sur ce livre, il y avait de la poussière, pas une goutte d'eau.

— Le miracle m'intéresse, mais qu'y avait-il dans le livre? Voilà ce que je voudrais savoir.

— Lorsque Djélal-eddin encore enfant a quitté Balkh, avec son père, tous deux ils ont rencontré Férîd-eddin Attar. Ce grand poète a donné au petit garçon le recueil de ses poèmes. C'est pour cela que Djélal-eddin y tenait. Il le lisait et il honorait Férîd-eddin Attar. Et c'est ce livre-là qu'il a voulu sauver.

— Comme il avait raison! Nous possédons en français le *Mantiq-Uttaïr*, et ce voyage des oiseaux, menés par la huppe à la conquête du plus haut mystère, je ne connais pas de plus beau poème qui se soit jamais élevé vers la voûte céleste. Oui, vraiment un poème qui traverse le ciel comme un vol d'oiseaux mystérieux... Racontez-moi encore d'autres histoires.

— Salah-eddin, avant d'être un grand saint, était recherché comme un orfèvre très habile. Un jour que dans sa boutique il forgeait une pièce d'or, le grand cheik Djélal-eddin vint à passer, et commença à tourner, sous l'influence du martellement, et aussi parce qu'il avait une inspiration. Il voyait que le temps d'être cheikh était venu pour Salah-eddin. Il dansa, et Salah-eddin ne cessait de battre le métal. Alors ses ouvriers lui dirent : « Vous détruisez vos feuilles d'or. Cessez de frapper. » Salah-eddin répondit : « Quand je perdrais toute ma fortune, je ne voudrais pas cesser de battre le métal. » Il acceptait de se ruiner plutôt que d'interrompre l'enthousiasme du poète. Le grand cheikh a tourné ainsi du matin jusqu'à la prière du soir. A ce moment il s'arrêta et improvisa le poème : « Un trésor s'est formé dans cette boutique de batteur d'or... » Salah-eddin invita le peuple à piller sa propre boutique, et s'en alla vivre dans le cercle du poète.

— Encore une histoire, mon cher Derviche.

— Un jour, les orfèvres de Constantinople sont arrivés à Konia, et ils ont dit à Djélal-eddin qu'ils pouvaient lui apprendre à transformer en or le cuivre et le plomb. « Avec quoi? a demandé le cheikh. — Avec le soufflet et le creuset. » Djélal-eddin a répondu : « Ces instruments sont tout à fait inutiles pour produire de l'or. Il faut que la parole elle-même crée de l'or. » Et en invoquant le nom de Dieu, il ordonna à une colonne de marbre de se transformer. Les orfèvres ayant brisé la colonne constatèrent qu'elle était toute en or.

— Il eût mieux fait de transformer l'esprit de quelqu'un.

— Du moment qu'il a pu transformer le marbre en or, à plus forte raison il peut améliorer l'âme.

— C'est sans doute ce qu'on obtient par la danse?

— Djélal-eddin tournait toujours et il prononçait en tournant le nom d'Allah. Il a dit que le tourner donne du plaisir à l'esprit et de la nourriture à l'âme.

— Qu'est-ce qu'on ressent dans l'âme en tournant?

— Il n'y a pas moyen d'expliquer. Chacun éprouve une impression spéciale. Est-ce qu'on peut expliquer l'amour?

« Chacun, une impression spéciale! » Je suis étonné que ce balayeur me dise un mot si vrai, qui nous dévoile les dangers de cet appel aux intuitions, les dangers de l'individu se soustrayant dans son ivresse à toute règle.

— Mon cher Derviche, je suis votre obligé. Un élève remercie son maître. Que puis-je faire pour vous?

— Je ne suis pas votre maître. Je ne suis qu'un pauvre derviche. Maintenant, j'aimerais vous interroger sur les choses de votre pays.

— Vous êtes bien poli. Nous parlerons de Paris, quand vous viendrez m'y voir. Ici, ne remuez rien en moi qui m'empêche de penser à Djélal-eddin. Voulez-vous me faire le plaisir que nous dînions ensemble, ce soir?

Il accepta volontiers; puis, dans la soirée, il vint se décommander, et je ne l'ai plus revu, car j'avais eu l'occasion de faire la connaissance de quelqu'un qui lui est infiniment supérieur.

PREMIÈRE CONVERSATION AVEC LE TCHÉLÉBI

Frappé du plaisir que je trouvais dans la société de ce balayeur, M. Noblet m'offrit de me conduire chez le Tchélébi, qui est le descendant de Djélal-eddin et son successeur à la tête de l'ordre des Mevlévis, et il avait poussé l'obligeance jusqu'à persuader M. Ara Handjian, inspecteur de la Dette publique ottomane, de me servir d'interprète. Vous pensez si j'ai accepté d'enthousiasme une proposition qui comblait mes désirs.

A quelque distance de la ville, une petite propriété campagnarde, où nous sommes accueillis par un derviche, charmant de bonté et d'humilité, qui nous sourit et qui s'en va, en tournoyant, me semble-t-il, avertir son maître. Nous l'attendons devant la maison, une maison blanche assez basse, au petit perron très simple. Une prairie la précède, bordée sur la route par des jujubiers dont l'odeur parfume l'air, sur l'autre côté par des bâtiments domestiques, et fermée, tout au fond, devant nous, par de hauts peupliers derrière lesquels elle continue. C'est un paysage bien arrosé et verdoyant, d'une paix religieuse. Un mouton paît ; l'eau bruit ; une petite fille demi-nue surgit ; des oiseaux gazouillent. « La vie est douce ici, » me dit l'interprète.

M. le Supérieur va venir. Et d'abord, on nous apporte de la confiture, du mastic et de l'eau.

Le voici ! Une physionomie très fine, de charmantes manières, une taille moyenne, un type un peu arménien, le nez légèrement aquilin, la barbe un peu frisottante. Son teint est assorti à son haut chapeau de feutre, couleur de miel, et à sa robe de bure qui flotte sur un vêtement gris.

Nous nous asseyons devant la maison.

— Monsieur le Supérieur, lui dis-je, je suis venu à Konia saluer le tombeau de Djélal-eddin Roumi et m'instruire de la pensée qu'il a transmise à votre ordre. Ce matin, en visitant à la dervicherie le salon de danse et le salon mortuaire des saints, je me répétais ce que dit le *Divan* : « Finalement, les adeptes du monde spirituel danseront sur la terre entière, le visage tourné vers Konia. Il en résultera un tel plaisir que ceux qui sont morts à la passion s'y dirigeront, et que nos pensées et nos mystères entoureront l'univers. » Eh bien ! sans attendre la fin du monde, je suis venu vous interroger sur ces mystères. Me permettez-vous quelques questions? Je voudrais me faire une idée claire de Djélal-eddin. Quel but un si noble esprit poursuivait-il en instituant les danses?

— C'est lui-même qui a écrit : « Si je vais à Balkh, le populaire est assez exemplaire, mais à Konia il est adonné à la musique et aux divers jeux. Pour le conduire à connaître Dieu, je suis obligé d'accepter dans la religion la musique, la danse et la poésie. Et un autre jour il disait : « Il y a plusieurs chemins ; moi, j'ai choisi ce chemin pour conduire l'homme à Dieu. »

— Alors, il a adopté cette habitude de tourner, mais il ne l'a pas inventée?

— Le tourner, ce que nous appelons le Sima, le concert spirituel, existait avant la fondation de l'Islam. Cela vient du Turkestan. C'est un usage qui existait universellement à Konia. Djélal-eddin n'est pas le fondateur de cet exercice, mais il l'a admis, bien que son père, dans le principe, y ait vu des objections. Son père Béhâ-eddin, qui venait de Balkh, avait hésité à se fixer à Konia, précisément parce que c'était une ville de musique. Il fallut que le sultan d'alors lui dît : « Si le cheikh veut faire à Konia le séjour de ses enfants, moi, de toute ma vie, je n'écouterai plus le son des chansons et des harpes. » Par la suite, Djélal-eddin, devenu professeur à la mort de son père, s'est révélé musicien et poète. Il a ajouté cinq cordes à la viole, qui jusqu'alors n'en avait que trois. Il passait ses jours en musique et en poésie, et sous l'influence de Chems-eddin qui est alors arrivé et qui ne s'occupait que de la prière, il a enseigné la gnose par la voie gracieuse du concert spirituel.

— Ah! je vois, Chems-eddin est le maître de Djélal-eddin.

— Erreur! Chems-eddin était ignorant. Mais il avait une inspiration naturelle et, dans certaines circonstances, il brillait par son esprit. C'est à propos de lui qu'on peut dire : « Nul savoir n'égale en intensité un atome d'amour mystique tourné vers le véritable Maître du pouvoir. » Il était tout à fait ignorant en apparence, mais, par son génie natif, il a conquis la sympathie de Djélal-eddin, au point qu'il porta ombrage aux autres disciples. Ceux-ci allaient le tuer; il prit la fuite à Damas. Djélal-eddin l'a envoyé chercher par son fils. Trois fois encore il a fui. Et puis un jour les jaloux l'ont frappé. On a entendu un cri. On ne l'a plus revu. Quelques-uns croient qu'il vit encore.

— M. le Supérieur le croit?

— C'est la rumeur. Pourtant, sous le tombeau qui est au nom de Chems-eddin, il y a un puits; et beaucoup pensent qu'il a été tué et jeté dans ce puits.

— Quel est le rôle exact de Chems-eddin?

— Chems-eddin a éclairé la pensée de Djélal-eddin, à la manière d'une allumette qui allume la lampe. D'un autre côté, lui-même a dit : « Je ne me suis connu que grâce à Djélal-eddin. » Voyez-vous, il n'est pas juste de dire que Djélal-eddin a introduit dans le monde le concert spirituel, mais il l'a surélevé. Chems-eddin et Djélal-eddin se combinent de manière à former un composé qui diffère de chacun d'eux. C'est de leur rencontre qu'a jailli la doctrine. Ils étaient indispensables l'un à l'autre. Djélal-eddin a composé le *Mesnévi* après qu'il eut perdu Chems-eddin et à cause du grand chagrin qu'il ressentait de cette disparition. En cela il l'a écrit par Chems-eddin. Et son *Divan*, c'est le recueil des poèmes qui expriment son amour pour Chems-eddin. Il l'écrivit tout imprégné de l'esprit de son ami.

— Ah ! monsieur le Supérieur, que de questions vous faites lever en moi que je dois ajourner, et peut-être à jamais ! Pourtant, je voudrais savoir si Djélal-eddin a laissé des institutions, une règle, comme en possèdent nos ordres religieux.

— Il a laissé un livre très détaillé, *Minhadj el Fokara*, la voie des pauvres. *Pauvre*, dans ce sens, veut dire *derviche*. Pour comprendre notre Maître, on doit d'abord étudier le *Mesnévi*, qui donne tous les détails, l'instruction concernant l'ordre, et ensuite aborder le grand *Divan*, qui initie aux sentiments d'amitié, d'admiration, d'amour que le poète vouait à Chems-eddin. *Mesnévi*, c'est la préparation ; le grand *Divan*, rien que l'amour. Le grand *Divan* est très élevé, et tout le monde ne peut pas le comprendre. Ces deux ouvrages ont l'un et l'autre inspiré les règlements que vous demandez.

— Ces règlements sont-ils imprimés?

— Oui, en Égypte, et à Constantinople, il y a

une vingtaine d'années, on a tiré du *Minhadj* notre canon et notre règlement. Il y a des personnes qui lisent textuellement ce qui est dans les livres, et il y a des élèves à qui le maître donne des commentaires.

— Faites-vous des récitations des plus beaux poèmes de Djélal-eddin?

— Entre eux, les derviches le lisent toujours. Il faut le lire une fois par semaine. Après le Coran, il n'y a pas de livre plus étudié que le *Mesnévi*.

— Djélal-eddin a-t-il laissé de la musique?

— C'est par tradition que les airs sont restés. Pourtant il y a un air de flûte. Vient-il exactement de Djélal-eddin? Djélal n'a pas laissé de morceaux notés, mais les airs sont restés. Et depuis quelques années on les a notés.

— Peut-on se les procurer?

— Quand vous serez à Constantinople, chez Ali-Bey, mari de l'Égyptienne Zehra-hanoum, à Orta Keui.

Il me donne l'adresse.

Je m'excuse et, quoique frémissant de mille questions que je voudrais poser au Tchélébi, je pense qu'il faut que je parte. De lui-même, il tient à me dire :

— En plus de son *Mesnévi*, Djélal-eddin est resté en personne dans les traditions de la nation ottomane. Il y avait ici le royaume des Seldjoucides, et au Sud, les Osmanlis. Une fois, le roi des Seldjoucides commit une faute : il renia comme cheikh Djélal-eddin et fit venir un cheikh du Caire. Peu après, les Tatars, les Mongols sont venus ici, et dans cette grande crise le Sultan fut appelé à un conseil de guerre par ses généraux. Ils l'ont jeté dans un cachot et étranglé, tandis qu'il criait : « Notre maître, notre maître ! » Il invoquait ainsi Djélal-eddin. Mais celui-ci, dans ce moment-là, était à Konia, au concert spirituel, et il récitait un poème : « Je te l'avais bien annoncé qu'ils ont le bras très long et qu'ils te lieraient les pieds. » (*M. le Supérieur s'anime et laisse tomber son chapelet de grains noirs.*) Djélal-eddin avait donné l'épée et la couronne au chef des Osmanlis. De là vient qu'aujourd'hui encore les padischah reçoivent le sabre des mains du Tchélébi, au début de leur règne, dans la mosquée d'Eyoub... Il faut aussi que vous sachiez que dans l'Empire ottoman tous les gens érudits font partie de notre ordre. Tous les sultans, tous les princes. Notre ordre est une confrérie de travailleurs. Les derviches ont la poésie, la musique, la bijouterie. Ils sont artistes. Sans doute cela se perd ; jadis on recrutait l'ordre parmi les ouvriers, tandis que maintenant ce sont les gens les plus élevés ; n'empêche qu'il y a toujours chez nous un pourcentage de certaines professions, des bijoutiers entre autres et des batteurs de métaux.

Le Tchélébi me dit cela pour que j'emporte une haute idée des derviches et des privilèges de leur Supérieur.

LE POÈTE DE L'AMOUR COURONNÉ

Ainsi, jadis, un fils des rois et du ciel a chanté et dansé dans Konia, et voici qu'après des centaines d'années et des millions de pèlerins, je suis venu à mon tour regarder la danse, écouter le chant, dont il a donné la première note et le premier ébranlement. Quelle joie d'interroger son arrière-descendant, l'homme qui, de tout l'univers, peut le mieux m'introduire dans la familiarité d'un grand esprit enveloppé de mystère ! Ces minutes que je viens de passer avec le Tchélébi, je ne leur vois d'équivalent, que je puisse dire, au cours de ma vie entière, qu'un entretien que j'eus avec Paul Meurice, peu de jours avant sa mort, et dans lequel ce parfait disciple répondit avec liberté à toutes mes questions sur le caractère intime de son maître.

J'aime m'asseoir dans l'ombre de ces hautes familiarités, et comme la flamme du foyer dans les longues nuits d'hiver nous tient société avec ses brusques élans et ses repliements, je demeure là, sans une parole, en étroite sympathie de vénération. M'instruisent-ils, le Tchélébi, le balayeur, le tombeau, le collège, tous ces derviches et leur dervicherie? Ils donnent du sang et des nerfs à l'image que, depuis tant d'années, j'ai prise pour société secrète ; ils me font éprouver, comme un être réel, le génie de mes rêves. Ici, un jour, le jeune homme est arrivé, tel qu'on a vu, plus près de nous, Gœthe entrer dans Weimar et le petit Mozart parcourir l'Europe. Ces êtres si divers, sous des climats variés, produisent le même choc, quand ils nous apparaissent, et que penchés sur leur cercle magique nous murmurons : « Aimez ce que jamais on ne verra deux fois. » Les yeux de l'enfant mystique étaient pleins de l'ivresse causée par l'océan tumultueux de la divinité, ce qui fait qu'il a été dit : « Dans ses deux yeux, vois l'image de notre Ami dansant sur le fond noir de son regard. »

Connaissez-vous sa vie? J'ai feuilleté indéfiniment

Les saints des Derviches tourneurs, d'Aflaki, dans la précieuse traduction que nous a donnée M. Clément Huart, un ouvrage fort analogue aux *Fioretti* que, dans le même temps, recueillaient les disciples de saint François. La valeur historique de ces sortes de légendaires est douteuse, mais qu'ils nous font bien connaître le milieu spirituel où se sont formés ces grands ordres religieux d'Assise et de Konia !

Djélal-eddin naquit aux premières années du grand treizième siècle, de race royale par sa mère et sa grand'mère, — ce qu'un poète exprime par ces vers : « En remontant jusqu'aux reins d'Adam, tous ses prédécesseurs ont été les grands des festins et des guerres ; » — et de race savante par son père, Béhā-eddin Weled, qui émerveillait le Khoraçan par son professorat, sous le titre de « Sultan des savants ». Mais plus haut encore, par un privilège du ciel, il appartenait à l'espèce de ceux en qui le divin respire. Un charmant enfant, gracieux, plein de poésie, de religion et de visions. Parfois, à l'âge de cinq ans, il tressaillait, changeait de place, s'agitait ; les disciples de son père l'attiraient alors au milieu d'eux ; et dans ces moments, les apparences mystérieuses prenaient forme, se cristallisaient sous ses yeux : il voyait les anges, les djinns et les hommes illustres, ceux que l'on nomme « les Voilés de la coupole de Dieu ». Un jour, à Balkh, qu'il était avec ses petits camarades sur la terrasse qui, là-bas, recouvre chaque maison, l'un d'eux s'écria : « Je parie que je vais sauter de cette terrasse sur cette autre. — Non, répondit-il, une action de cette sorte ne peut provenir que d'un chat ou d'un chien. Mais s'il y a dans votre âme de la force spirituelle, venez, et nous nous envolerons jusqu'au ciel. » Sur ces mots, il disparut. Les enfants se mirent à pousser des cris. Au bout d'un clin d'œil, il revint au milieu d'eux, et un changement était devenu visible dans son corps béni. Les enfants, la tête découverte, se prosternant à ses pieds, devinrent ses disciples.

Cette parcelle de Dieu fut reconnue en lui, quand il avait sept ans, par le poète Férîd-eddin Attar. Le vieil homme prophétisa qu'il atteindrait la plus éminente spiritualité, et lui remit un exemplaire de son *Livre des secrets*, cet exemplaire même dont le balayeur m'a dit, l'autre matin, que de toute la bibliothèque de Djélal-eddin, il avait été le seul ouvrage épargné par Chems-eddin.

Cette merveilleuse rencontre du glorieux vieillard et du jeune génie eut lieu à Nichapour vers 1210, quand Béhâ-eddin Weled, ayant encouru la jalousie du sultan, dut s'éloigner de Balkh. Les fugitifs allèrent à Bagdad, à la Mecque, à Damas. Toute sa vie, le poète garda le plus vif souvenir des misères de cet exode, et bien plus tard, un jour de tristesse, à Konia, dans une grande séance de concert, au son de la flûte, il chanta : « Il y a longtemps que le cœur du mystique est plongé dans la douleur. La colère des cœurs ruine les mondes ; voilà pourquoi le malheureux Khoraçan est en ruines, au point que la restauration n'en est pas possible. » Ses disciples le prièrent de s'expliquer, et c'est alors qu'il leur raconta les tribulations de l'exil.

En cours de route, quand Djélal eut atteint l'âge de puberté, on lui fit épouser une jeune fille de Samarcande, une fille sans pareille pour sa grâce et sa perfection. On l'appelait Gauher-Khâtoun. Djélal avait alors dix-huit ans. Sultan Weled fut leur premier-né. Par la suite, quand le père et le fils allaient ensemble à une réunion, ils ne manquaient jamais de s'asseoir l'un à côté de l'autre, et tous les assistants croyaient qu'ils étaient frères.

Quatre années après ce mariage, Béhâ-eddin avec tous les siens se fixa enfin à Konia, auprès du prince des Seldjoucides, et commença de professer, comme il avait fait à Balkh. Plus timide que ne devait l'être celui de son fils, son enseignement semble avoir été plein de lumière, d'imagination et d'amour. Un vendredi, comme il disait qu'aux jours de la Résurrection, le Très-Haut récompensera les bonnes œuvres et les bonnes mœurs au moyen de houris, un vieillard se leva dans un coin de la mosquée et s'écria : « Aujourd'hui, dans ce monde, occupons-nous des traditions qui peuvent instruire les croyants. C'est plus tard qu'il suffira de contempler le visage des houris. » Il répondit : « Mon cher, si je parle des houris, c'est à cause de l'imperfection de l'intelligence du commun des hommes. Le principe, c'est de voir l'Ami, mais cette vue a toute sorte de noms, et l'on peut voir le Créateur dans chaque objet créé. »

Il vécut jusqu'à l'âge de quatre-vingt-cinq ans. Dans ses derniers temps, il se promenait continuellement autour des cimetières et disait : « Oh! mon Dieu! tu nous as ordonné pendant la nuit de contempler les étoiles brillantes du ciel... Le ciel, ce lieu éloigné de toutes les hypothèses et de toutes les imaginations, où il n'y a que l'amour! l'amour! l'amour! » A sa mort, ce fut un regret général, et tous disaient : « Ce paon du trône de Dieu est parti vers le trône, lorsque les voix mystérieuses lui en apportèrent l'odeur. »

Djélal-eddin hérita la chaire magistrale de son père. Toutefois, avant d'y professer, il alla se perfectionner en Syrie. Il étudia à Alep, à Damas, et là, un jour qu'il se promenait dans le Meidan, il rencontra un individu étrange, vêtu de feutre noir, coiffé d'un bonnet noir. C'était Chems-eddin Tébrizi qui, lui baisant la main, lui dit : « Je suis le changeur du monde, » et se perdit dans la foule. Djélal-eddin rentra à Konia et commença son enseignement ; Chems-eddin continua d'errer, comme l'oiseau dans le ciel, quand il cherche son orientation ; mais ils devaient se revoir. Ils étaient marqués pour être l'un à l'autre un décisif événement.

Hier, le Tchélébi m'a ouvert une importante vue, sûrement exacte, quand il m'a dit : « Chems-eddin, ce fut l'allumette. » Un tel homme, nous ne pouvons pas le rencontrer sans vouloir nous en faire une idée.

Et d'abord, quelque chose nous intéresse vivement, nous qui venons de nous promener avec tant de passion sur les traces des Hashâshins : ce Chems-eddin Tébrizi, ce soleil de Tébriz, se rattache, dit-on, aux Grands Maîtres d'Alamout. Il serait de leur sang. Ne fût-ce qu'une légende, elle est significative. J'ai essayé de me la faire confirmer par les Ismaéliens sous les oliviers de Khawabi. Ils en avaient tout au moins une notion confuse. Cet errant drapé de son manteau sombre et qui doit disparaître si tragiquement de la scène du monde, c'est un petit-fils de ce Bozorg-Omid qui succéda à Hasan Sabah. Un tel sang ne prédestinait-il pas aux grandes aventures de l'âme.

Lui-même, il a raconté ceci : « Quand j'étais enfant, je voyais Dieu, je voyais les anges, je contemplais les choses mystérieuses, et je pensais que tous les hommes les voyaient. Cela ne venait pas de ma dévotion, de mes mortifications, mais cela me venait de l'éternité dans mon berceau. »

Une fois qu'il se promenait avec son père dans la campagne, et celui-ci lui reprochant de ne pas aller à l'école, l'enfant montra une poule qui regardait avec désespoir nager sur le ruisseau deux petits canards récemment sortis de sa couvée : « Voilà notre situation. Vous êtes mon père, mais vous ne savez pas ce que je suis. Je suis l'homme à l'eau, et vous êtes à terre. Mon éducation, mon instruction sont ailleurs. Je n'ai pas besoin d'école. »

Il partit de Tébriz pour s'instruire et s'élever jusqu'au degré de l'absolue perfection. Pendant des années, il voyagea tout éperdu à travers l'Asie, et il était devenu célèbre sous le nom de Chems-eddin le Volant. C'était un être lumineux, mais violent, despotique, amer et qui traitait d'ânes et de veaux ses adversaires les plus instruits. Il était lui-même illettré, mais avec un immense orgueil spirituel, fondé sur la conviction d'être un organe choisi par Dieu. Il proclamait la futilité de la connaissance extérieure, le besoin de l'illumination et la valeur suprême de l'amour. Un jour, dans une grande solennité où les savants, les cheiks et les émirs discutaient sur toutes les sciences religieuses et profanes, il se leva et s'écria : « Jusques à quand nous ennuierez-vous avec vos traditions, et courrez-vous dans l'hippodrome montés sur une selle sans cheval? Personne d'entre vous ne dira-t-il : mon cœur m'a appris ceci ? Vous rapportez des paroles que nous ont transmises les grands d'autrefois, des pensées qui leur venaient dans leurs extases; mais vous, les hommes d'un nouveau temps, où sont vos secrets et vos messages? Toutes ces études, toutes ces lectures, toutes ces peines, c'est pour rendre obéissante et humble la passion ; c'est le joug au cou du bœuf, pour le dompter et lui faire labourer le sol. La science qu'on n'a pu soumettre n'est plus qu'un embarras, et l'ignorance vaut cent fois mieux. »

Il lui arrivait d'être écrasé par la fréquence et la continuité des manifestations divines. Dans ces moments, quand il s'apercevait que les forces humaines sont impuissantes à supporter cette beauté, il se mêlait en secret, comme homme de peine, aux terrassiers. C'est l'aventure de Mahomet qui, dans ses heures de submersion, sous l'excès de la spiritualité, se tournait vers Aïcha : « Aïcha, parle-moi, ô la petite rougeaude !

Continuellement, Chems-eddin se tourmentait : « Parmi les amis intimes de Dieu, dans le monde d'en haut et d'en bas, personne n'aura-t-il la patience de me supporter? » Une nuit, dans son ivresse mystique, il supplia : « Oh ! Supérieur, je demande que tu me montres un de tes êtres aimés et voilés. » Une voix lui répondit : « Le compagnon voilé que tu réclames, c'est Djélal-eddin Roumi. — Dieu, s'écria-t-il, découvre pour moi son visage béni. — Que me donneras-tu en récompense? » Il répondit : « Ma tête. » Et la révélation continua : « Va à Konia. »

Quand il fut à Konia (le Balayeur évoquait

tantôt cette scène mémorable), il vit passer Djélal-eddin chevauchant une mule et entouré de ses élèves. Il se leva, courut à lui et, saisissant la bride de sa mule, lui dit : « Oh ! changeur de la monnaie des pensées, réponds-moi. Qui est le plus grand de Mahomet ou bien de Bayézîd ? » Djélal-eddin répondit : « Mahomet est le prince et le général de tous les prophètes et de tous les saints. » « Alors, répliqua Chems-eddin, comment se fait-il que Mahomet ait dit : Sois exalté ! tandis que Bayézîd a dit : Que je sois exalté ? » Djélal-eddin, devant cette question pleine de difficulté, répondit : « Que Dieu sanctifie ce très haut mystère ! Pour Bayézîd, la soif est étanchée par une seule gorgée ; il s'est senti rassasié ; la cruche de sa compréhension a été remplie par une seule quantité ; sa lumière a été proportionnée à l'ouverture de sa fenêtre. Mais Mahomet, l'élu de Dieu, avait un désir considérable d'être abreuvé ; de jour en jour, d'heure en heure, il voyait grandir les lumières de la majesté et de la toute-puissance de Dieu. Et voilà pourquoi il disait : sois exalté, nous ne t'avons pas connu comme tu le mérites ; tandis que Bayézîd disait : que je sois exalté, que ma dignité soit haute. »

Pour faire cette grande réponse, Djélal avait dû fournir un tel effort d'intelligence qu'ayant achevé, il poussa un rugissement. Dans la suite, quand il racontait cette première rencontre, il disait : « Au moment où Chems-eddin me posa cette question, je vis une fenêtre s'ouvrir au haut de ma tête, et une fumée s'en éleva jusqu'au sommet du trône immense. » Lorsqu'il revint à lui, il prit la main de Chems-eddin et l'entraîna dans son collège. Pendant trois mois, ils restèrent enfermés, nuit et jour, tous deux seuls, et personne n'avait l'audace de les rejoindre (6).

Dans cet immortel tête-à-tête, Chems-eddin multiplia les épreuves merveilleuses. Il demanda à Djélal-eddin son épouse Gauher-Khâtoun, qui par sa beauté et sa chasteté était la perfection de l'époque, et Djelal-eddin l'amena par la main. Mais Chems-eddin dit : « Elle est la sœur de mon âme. Je te demanderai plutôt un gentil garçon qui me serve. » Immédiatement Djélal-eddin amena son propre fils, en disant : « Il faut espérer qu'il sera convenable pour le service de tes chaussures. — C'est mon fils chéri, dit Chems-eddin, laissons. Mais s'il y a moyen de se procurer du vin, je l'emploierai en guise d'eau, car je ne puis m'en passer. » Djélal-eddin courut dans le quartier des Juifs pour y faire remplir une cruche de vin qu'il rapporta à Chems-eddin. Celui-ci poussa un cri, déchira ses vêtements et posa sa tête sur les pieds de Djélal-eddin. « J'en jure par Dieu, dit-il, on ne verra jamais un sultan plus aimable que toi. Je voulais éprouver la limite de ta mansuétude. » Et il se déclara son disciple. Cependant, il continua : « Ne lis plus les paroles de ton père. » Djélal cessa de les lire. « Ne lis plus les poètes ; ils n'en valent plus la peine. » Il se détourna d'eux. « Ne parle à personne. » Il garda le silence. Il avait abandonné tout enseignement, pour s'occuper uniquement de la sainteté de Chems-eddin.

Une si prodigieuse transformation ne pouvait aller sans scandale. Depuis des années, ses paroles étaient la nourriture spirituelle et le vin des purs. Ceux-ci se trouvèrent affamés et assoiffés, et une grande rumeur se souleva contre Chems-eddin. Mais ce mécontentement ne touchait pas les deux amis. « Lorsque la résurrection se lèvera, disaient-ils, quand les prophètes et les saints se tiendront alignés et que les croyants se rassembleront par troupes, tous deux, nous tenant par la main, nous irons au Paradis en marchant fièrement et glorieusement. » Un jour que Djélal-eddin avait loué avec une exagération excessive les miracles et la puissance de Chems-eddin, on rapporta cet éloge à celui-ci. « Par Dieu, répondit-il, je ne suis pas même une goutte de l'océan qu'est la grandeur de Djélal-eddin, mais je suis mille fois plus qu'il n'a dit. » Et Djélal-eddin, ayant connu ce propos, s'écria : « Il a loué sa lumière et sa propre grandeur? Eh bien! il est cent fois autant qu'il a dit. »

Chems-eddin éprouvait pour Djélal-eddin ce sentiment que donne la vue du génie, et qui passe l'amour ; en vérité, l'élan d'une limaille de fer vers l'aimant. Au milieu de l'assemblée, il s'écriait : « Tu es venu, unique dans le monde ; tu as rendu les mortels ivres de ton amour. La perle est au milieu de nous, et je raconte son histoire. »

C'est alors que les deux amis semblent avoir inauguré les concerts mystiques, où l'on chante et tournoie au son de la flûte de roseau, et beaucoup d'habitants de Konia se mirent à réciter des poèmes, et à s'occuper de musique et d'amour spirituel. D'autres se plaignaient. « Dans quel livre, disaient-ils, a-t-on vu que les concerts soient autorisés? Sur quelle preuve pouvez-vous appuyer cette innovation? » Tout cela souleva une espèce de guerre civile. A plusieurs fois Chems-eddin s'enfuit de Konia.

Cédait-il uniquement aux haines soulevées contre son influence et sa réforme? Quelle part faut-il faire dans ces fugues à son humeur fantasque et à son désir de chercher partout de nouvelles expériences du divin? » Ne t'imagine pas, disait Djélal-eddin, qu'il y a un trésor dans chaque existence. Dans ce marché de droguistes, ne va pas de tous côtés comme les désœuvrés; assieds-toi dans la boutique de celui qui a du sucre en magasin. » Pour le ramener à Konia, il lui écrivit, sous forme de lettres, des vers enflammés :

« Reviens, lui disait-il, ô lumière de mon cœur! terme de mes efforts et de mon désir! Tu sais que notre vie est entre tes mains; ne rends pas la vie triste aux hommes, et reviens.

« Je vais de toi à toi, avec des cris. Hélas! je te demande secours contre toi-même.

« Sans ta présence, le concert spirituel n'est pas licite : il est digne d'être lapidé comme Satan... » (C'est-à-dire : en te perdant le concert a perdu sa flamme mystique; il n'est plus qu'un mécanisme vide, une coupable parodie.)

Un messager vint lui annoncer : « J'ai aperçu notre Maître. Chems-eddin est à Damas! » Transfiguré de joie, il donna au messager tout ce qu'il portait sur lui, son turban, son argent, ses bottes. Mais quelqu'un lui révéla que c'était un mensonge. Ce fourbe n'avait jamais vu Chems-eddin! Et Djélal-eddin de répondre : « C'est pour sa fausse nouvelle que je lui ai donné mon turban, ma bourse et mes bottes. Car si la nouvelle était vraie, c'est ma vie que je lui aurais donnée. »

Enfin un des fils du poète réussit à ramener le

fugitif, et les deux mystiques reprirent leurs glorieuses amours au milieu d'une opinion publique de plus en plus assombrie.

Chems-eddin avait captivé complètement Djélal-eddin. Le temps qu'il ne passait pas dans la cellule de son ami, il demeurait assis à la porte du collège, et il disait aux visiteurs : « Qu'avez-vous apporté, et quel présent me donnerez-vous pour que je vous le montre? » Un jour, un de ces importuns lui demanda : « Et toi, qu'as-tu apporté? » Il fit cette réponse tragique : « Je lui apportai moi-même, et j'ai sacrifié ma tête pour sa vie. » Peu après, une nuit qu'il était assis auprès de Djélal, du dehors quelqu'un lui fit signe de sortir. Il se leva et dit tout haut : « On m'appelle pour le supplice. » Djélal-eddin, après un silence, récita le verset du Coran : « N'est-ce pas à Lui qu'appartient la création et le droit de commander? » On dit que ces misérables envieux se tenaient en embuscade, à la manière des Ismaéliens. Ils le poignardèrent. Djélal-eddin s'écria : « Dieu fait ce qu'Il veut; Il juge selon son bon plaisir. Chems-eddin avait promis. Il avait mis sa tête en gage en signe de reconnaissance pour notre mystère. La prédestination divine a suscité l'individu qui a pris les dispositions appropriées. » Ensuite il se livra à de grands troubles; il commença le concert spirituel et se mit à chanter : « Si les yeux de ma tête pleuraient autant que j'ai du chagrin, ils pleureraient jour et nuit jusqu'à l'aurore. Chems-eddin de Tébriz est parti. Où est la personne qui pleurera sur cet honneur de l'humanité? Qui ose dire que ce vivant éternel est mort, que le soleil de l'espérance s'est éteint? L'ennemi du soleil est monté sur la terrasse de la maison, il a fermé ses deux yeux et s'est écrié : Le soleil s'éteint ! » (7)

Il se rendit du côté des jardins et n'assista pas à l'enterrement de son ami. Au bout du quarantième jour, il se coiffa d'un turban couleur de fumée, et jusqu'à la fin de sa vie il ne mit pas de turban blanc. Certains sont d'accord pour affirmer que Chems-eddin, après avoir été blessé par les conjurés, disparut. Mais la version la plus accréditée, c'est que ces misérables le jetèrent dans un puits. Parmi eux était l'un des fils de Djélal-eddin, Ala-eddin, qui était marqué de ce sceau d'infamie : « Tu n'appartiens pas à ton peuple, » et qui ne tarda pas à mourir.

La vie de Djélal-eddin, après cette crise de folie sacrée, ne retomba pas d'un degré. Elle devint une perpétuelle ivresse d'amour divin. Il s'attacha avec enthousiasme à leur commune doctrine de l'absorption en Dieu. Plus que jamais il crut pouvoir éprouver par des moyens mécaniques un avant-goût des félicités de l'union divine. Il cherchait à favoriser ces états de haute exaltation qu'on appelle l'extase, et pendant lesquels il écrivait ses poèmes. « Quitte ce qui est limité, prêchait-il, établis-toi dans l'unité et dans ce qui dure toujours. A cet oiseau sanctifié qui est enfermé dans la cage de l'existence divine, donne un sucre à picorer jusqu'à ce qu'il prenne l'essor. Alors, quand tu seras devenu ivre d'éternité future, saisis l'épée de l'éternité passée, et, comme le Turc combat le misérable Indou, combats la vie. »

C'est dans ces années de douleur, et quand il était submergé dans l'océan de l'amour, qu'il acheva le *Mesnévi* et qu'il composa le *Divan*, qui sont ses titres éternels.

Le *Mesnévi* n'a rien de didactique ni de doctrinal ; il est toute émotion, imagination, et ses vers exaltés semblent battre contre le ciel. Un petit groupe d'admirables idées y sont reprises à l'infini dans des milliers d'images ambiguës, énigmatiques, qui laissent beaucoup à la conjecture. Le lecteur doit chercher sa voie à travers les apologues, les dialogues, les interprétations coraniques, les subtilités métaphysiques, les sermons ; et les plus hautes difficultés y sont submergées sous un flot d'harmonie. C'est pour de tels poèmes qu'il a été dit : « Nous sommes reconnus par ceux de notre race, mais les autres hommes nous renient. » Le *Mesnévi* nous initie à l'absorption en Dieu ; comprenez-le comme une méthode d'extase. « Jusqu'ici, disait le poète, les Sénaï et les Férîd-eddin Attar (8) nous ont parlé des amants comme de deux êtres éternellement séparés ; mais nous prêchons l'amour qui brûle toutes les distinctions, toutes les destinées et qui de deux ne fait qu'un. Ce que nous avons dit repose sur l'idée de l'amour couronné... » Quant au *Divan*, — une suite de poèmes dédiés, dans les enthousiasmes de l'intoxication et de la danse, à la mémoire de Chems-eddin, — l'amour, le vin et la beauté s'y présentent avec des couleurs si chaudes et dans des termes si troubles que souvent la même strophe damnera le pécheur et ravira les saints. Djélal-eddin le dicta tout entier sous l'influx du fou de génie qui continuait, même dans la mort, à le fasciner.

Ces deux grands poèmes qui, pour nous, aujourd'hui, ne sont plus que des livres, tout Konia les a vus sortir de la vie même de l'auteur. Pendant qu'au comble de ses états mystiques Djélal-eddin tournait autour d'un pilier, c'est à son insu qu'il improvisait ces strophes et ces distiques que ses admirateurs recueillaient au vol. De là vient que certains développements restent suspendus. Il les terminait dans un transport plus ardent, et c'était alors le Ah! ah! ah! des extatiques (9).

La beauté de ses poésies, le spectacle surnaturel de ses illuminations devaient beaucoup contribuer à détruire les reproches qu'avaient d'abord suscités ses innovations, et dont Chems-eddin avait été la victime. Sa douleur et son génie, son évidente sincérité de cœur légitimaient peu à peu sa méthode. Un jour qu'à côté de lui, une fois de plus, un savant juriste se répétait mentalement l'éternelle objection : « Comment un si grand homme autorise-t-il des concerts qui sont contraires à la loi religieuse? » Djélal-eddin lut dans son cœur et lui dit : « O savant homme! Il y a une question de droit que je sais que tu as étudiée, c'est à savoir qu'en cas de nécessité et de faim pouvant entraîner la mort, il est permis de manger des choses mortes et des objets immondes. Eh bien! pour les hommes de Dieu, il y a des nécessités qui peuvent être comparées à la faim et à la soif, et qu'on doit traiter par les concerts spirituels, la danse et l'extase mutuelle, sinon, dans l'excès de terreur causé par les apparitions et les lumières de la splendeur divine, le corps des saints fondrait, comme la glace devant le soleil. C'est à cette situation que faisait allusion le prophète, quand il s'écriait : Parle-moi, ô la petite rougeaude. »

Parmi ceux qui réprouvaient la musique, il y avait le Qadi Iss-eddin. Un jour Djélal-eddin, tout en dansant, sortit du collège, entra dans la chambre du Qadi, poussa un cri, le prit par le collet et lui dit : « Lève-toi et viens à la fête de Dieu. » Il l'entraîna à la réunion des mystiques et lui montra ce qui était en rapport avec ses capacités. Alors, ayant déchiré ses vêtements, le Qadi entra dans la danse et devint un disciple.

Le roi des professeurs, Chems-eddin de Mârdîn (qu'il ne faut pas confondre avec le Soleil de Tébriz), avait été l'adversaire résolu du concert spirituel. Il niait les miracles des mystiques. A ceux qui, ayant flairé quelque odeur des vertus de Djélal-eddin, les énuméraient devant lui et disaient : « Notre maître, sans réfléchir ni consulter de livres, écrit des décisions juridiques en plein concert ; il s'empare tellement de l'esprit des sages qu'aucun ne peut souffler en sa présence ; devant lui la bouche des logiciens reste close, » il répondait : « Il faut renoncer à ces imaginations perverses ; il faut s'occuper constamment des sciences coraniques. » Eh bien ! maintenant, lorsque Djélal commençait le concert, Chems-eddin de Mârdîn tenait le tambourin suspendu au-dessus de la tête du Maître et disait : « En vérité, il chante les louanges de Dieu, et quiconque prétend que le concert est une chose illicite est un bâtard (10). »

Comment Djélal-eddin n'eût-il pas été ébloui de sa propre personne? Comment n'eût-il pas éprouvé un émoi de ces faveurs divines, dont il se sentait l'instrument, et ressenti de son génie un saint émerveillement? Comment n'eût-il pas fait sienne cette réponse, qu'il admirait tant, d'un vieux cheikh qui dit à Bayézîd : « Tu veux aller au pèlerinage? Tourne autour de moi, cela vaudra autant que de tourner autour de la Kaaba. Si la Kaaba est la maison de Dieu, affectée par Lui à l'accomplissement de rites religieux, mon être est, au-dessus de la Kaaba, la maison des mystères de Dieu. »

Peu à peu, ses poèmes, partis de la plus sensible réalité, de son amour pour Chems-eddin, passaient à la réalité suprême. Dans cet usage constant de l'extase, son feu se sublimisait, se transnaturait. L'ami terrestre se perdait dans l'Ami céleste.

Un jour que, dans un jardin, les deux pieds dans l'eau du ruisseau, il glorifiait les vertus et le génie de Chems-eddin, un de ses compagnons poussa un soupir et dit : « Bravo ! » et « Hélas ! » — « Pourquoi cet hélas? » dit le maître. Le disciple répondit : « J'éprouve des regrets parce que je n'ai pas compris notre maître Chems-eddin et que je n'ai pas profité de sa lumineuse présence. » Djélal garda le silence quelques instants, puis il dit : « Si tu n'as pas atteint Chems-eddin, je jure par l'âme de mon père que tu as atteint celui qui a cent mille Chems-eddin suspendus à chacun de ses cheveux. » Les compagnons manifestèrent des transports mystiques, la danse commença dans le jardin, et le maître se mit à réciter ce ghazel : « Ma lèvre a prononcé tout à coup le nom de la fleur du jardin. Elle est venue et elle m'a dit : « Je suis la souveraine et l'âme du « jardin. En présence de ma royauté, qu'importe « le souvenir d'un quelconque. »

Il atteignit à la plus rare exaltation d'amour. Il n'éprouvait plus que méfiance et mépris pour la raison, car elle n'agrée pas mieux aux émotions du cœur qu'aux passions de la chair. Il niait le monde et se livrait en proie à la musique : « Sais-tu ce que dit le violon, ce qu'il raconte des larmes qui se forment dans les yeux et dans les cœurs enthousiastes?... Nos musiques sont l'écho des hymnes que les globes chantent dans leur révolution. Le chant des mondes qui évoluent, c'est ce que les hommes essayent de reproduire en s'aidant du luth et de la voix. Nous avons tous entendu ces hautes mélodies dans le paradis que nous avons perdu, et bien que la terre et l'eau nous aient accablés, nous gardons le souvenir des chants du ciel. Celui qui aime alimente son amour en prêtant l'oreille à la musique, car la musique lui remémore les joies de sa première union avec Dieu. »

Il se promenait à travers Konia en y semant des pensées brillantes, émouvantes, que recueillaient ses disciples et qui n'ont pas cessé de s'y multiplier. Le livre de M. Clément Huart les a engrangées, et j'ai suivi sur place leur trace.

C'est la vie de Socrate. Le Maître est assis devant une boutique, dans un jardin, auprès du ruisseau. On l'aborde, on lui propose des difficultés. Il y répond par des formules mystiques ; il exhale en plaisanteries, en images gracieuses la fantaisie divine qui l'enivre. A tout instant, son âme s'agite et bat des ailes, comme un oiseau dans sa cage, et l'oblige à tournoyer.

Un jour, il s'était arrêté au milieu du marché : « Quand la lumière de Dieu entre dans le cœur du vrai croyant, disait-il, ce cœur s'ouvre, s'épanouit, devient une campagne agréable et douce. » — « O prophète, interrogea un des auditeurs, à quel signe reconnaîtrons-nous que notre cœur s'est élargi et qu'une amplitude s'est produite en nous? — A ce signe que les plaisirs se seront refroidis dans votre cœur, vous paraîtront insipides, et que vous commencerez à devenir étrangers à vos amis mondains... » Ainsi enseignait-il, au moment de la prière du soir, quand la nuit tombait. Les chiens du marché avaient formé un cercle autour de lui. Il lançait sur eux son regard béni, en leur donnant ses explications; ils agitaient la tête et la queue, et multipliaient les grognements de satisfaction. « J'en jure par Dieu, le Très Haut, très Pur et très Vaillant, dit-il, que ces chiens comprennent notre gnose. » Et il récita : « La porte et le mur disent des choses subtiles. Le feu, l'eau et la terre racontent des récits. Venez, l'oiselle est arrivée; venez, le jardin de roses a poussé. » Alors il commença le concert : « Je ne suis pas ce corps qui est visible au regard des amants; je suis ce goût, ce plaisir qui se produisent dans le cœur du disciple en entendant notre nom. Quand tu reçois ce souffle, quand tu éprouves ce goût dans ton âme, saisis-le comme une proie, et prends garde de ne pas perdre un instant, car, moi, je suis cela. »

La coutume était qu'après la prière du vendredi les savants, les derviches et les émirs se réunissent dans l'ermitage d'un cheikh. On se faisait de grandes politesses; la place d'honneur étant à la tête du tapis de prière, les plus humbles s'asseyaient sur le bord; quelqu'un posait une question ou exprimait une pensée délicate que l'on discutait; il y avait une foule considérable; le cheikh ne parlait qu'à la fin, pour clore la discussion. Il disait : « Il n'y a pas de fossé de Dieu à l'homme, ni de l'esprit à la matière. Le monde est un rêve de l'esprit. Le monde est inexistant. La plus haute perfection ne peut être exprimée que par la négation. »

Il était intoxiqué du goût de Dieu. Pas plus qu'une étoile ne peut quitter son orbite, il ne pouvait s'écarter de cette idée fixe : Dieu. « La mer, disait-il, la lumière, l'amour, le vin, la création et la vérité sont des mots pour désigner la plus haute hypostase. »

Il avait en haine la torpeur de l'âme. « Depuis quarante ans, contait-il, un derviche demeurait au fond d'une forêt, tout livré à l'hébétude et à la méditation de Dieu, à tel point que des oiseaux avaient construit un nid sur le sommet de sa tête. Un sage étant venu à passer par là lui allongea un formidable soufflet en l'appelant : « mangeur de choses immondes ». Le derviche s'éveilla de sa torpeur et dit : « Il y a quarante ans que je n'ai pas touché à la nourriture. Comment pourrais-je être mangeur de choses immondes? — Bah ! dit le sage, le vent frais de l'Est, le zéphyr matinal, le printemps, font parvenir à ton cerveau des parfums agréables, et les enfoncent dans ton gosier ; ils t'apportent une nourriture à la manière des péris. Tout cela sans fatigue et sans peine de ta part. Or, il a été dit : mange à la fatigue de ta main et à la sueur de ton front. » Quelle parabole révélatrice ! Si Djélal a désiré que l'ordre des derviches fût un ordre de travailleurs, et que les derviches exerçassent un métier, c'est que l'âme est rusée et excelle à trouver la paresse. Il voulait qu'elle vécût dans l'effort et le bouillonnement. « Mahomet, disait-il, a écrit que la plus laide des voix est celle de l'âne. Savez-vous ce que cela signifie? » Tous se taisaient. « Eh bien! expliquait-il, chacun des animaux a un gémissement, une action de grâces spéciale par laquelle il mentionne son créateur et sa providence. Le chameau grogne, le lion mugit, le cerf brame, la mouche bourdonne, la guêpe bruit, les hommes récitent les formules du Coran, et, dans le ciel, les anges chantent les hymnes. Il n'y a que le pauvre âne seul qui brait à deux moments fixes : quand il a faim et quand il voit son ânesse. L'âne est donc constamment esclave. Mais toute personne qui n'a dans son âme ni désir, ni mystère est plus loin de Dieu qu'un âne. »

Répétons avec allégresse le distique du Mesnévi : « Le vin de la grâce divine n'a pas de bord (surabonde). S'il semble qu'il ait un bord, c'est la faute de la coupe. »

A travers la multitude de ces témoignages, il n'est pas malaisé de reconnaître chez Djélal-eddin une conception royale de la vie. Son règne était dans la spiritualité. Il y soulevait les humbles ; il y fraternisait avec toutes les énergies ; il en excluait les grandeurs d'établissement.

Un jour qu'il tenait séance au lieu habituel des réunions, avec des amis de même cœur et de même inspiration, et comme l'un d'eux jouait du violon et prononçait des paroles mystiques sur les secrets de cet instrument, quelqu'un vit venir un grand personnage avec une suite d'émirs, et dans sa simplicité dit en hâte au violoniste : « Cesse de jouer, car de grands personnages arrivent. » Ces grands firent leur visite, et laissèrent d'ailleurs un don important, mais après leur départ, Djélal-eddin se fâcha et dit à celui qui avait fait taire le violon : « Que n'es-tu resté à ta place? Fi de cet argent et de ces pauvres hommes froids! Tu es entré si précipitamment que je me suis imaginé que l'archange Gabriel était descendu des cieux! » Et il chanta : « Que nous importe cette histoire que le bœuf est venu et que l'âne est parti? Allons! nous vivions un moment délicat; oublions ce tumulte! » Et ils continuèrent la séance.

Dans sa fraternité, il faisait place aux dissidents eux-mêmes, quand il avait reconnu le ton de leur âme. Le Khadjé Faqih Ahmed, lorsque Djélal passait auprès de lui, poussait des cris, faisait un ameutement et disait : « Place, place, car le trésor ambulant arrive. » Cependant il ne suivait pas la règle de l'ordre. Aussi Djélal le fixait du regard, tout en passant, et disait : « Il ne se laisse pas guider; cet homme est un cavalier isolé qui a sauvé son tapis du tourbillon et a obtenu le salut; reste à savoir comment le traitera la volonté divine. » Les choses tournèrent bien. Une nuit vers l'aurore, Djélal-eddin entendit un grand tumulte, venu du fond du monde mystérieux. C'était un conflit entre les esprits et les anges. Au bout d'un instant, il dit : « Les anges portent au ciel l'esprit pur du Faqih. »

Il célébrait la précellence de l'amour. C'est, disait-il, l'astrolabe qui découvre les mystères du ciel, le collyre qui rend plus pénétrant l'œil de l'esprit. L'amour rend l'être parfaitement indifférent à toutes les chicanes de la froide raison. Il met dans notre cœur une lumière qui nous fait nous détourner avec dégoût de toute autre lumière. L'homme comprend d'autant mieux les desseins de Dieu qu'il aime davantage. Quoique la pénitence s'élance et s'élève vers Dieu, l'amour la distancera dans l'espace d'un moment. Quelles que soient les résolutions de notre volonté, nous ne deviendrons libres que par un mouvement aussi profond que celui de la mer.

Il redoutait l'encombrement des sciences et faisait de gros efforts pour se dégager de ce voile qui lui cachait la vérité mystique. « Plus la surface du cœur est lisse, plus est aisée la proximité de Dieu. » A un savant théologien qui lui disait : « Cette nuit, j'ai lu le Coran tout entier, » il répondit : « Comment n'en as-tu pas crevé? » A un jurisconsulte dont l'esprit était voilé par la profonde science, il enseignait : « Fais des efforts pour retenir dans ta mémoire, jusqu'à l'éternité future, une page de la feuille subtile de ton cœur. C'est la science de l'amour qui sera ton soutien après la mort. O jurisconsulte ! pour Dieu, apprends la science de l'amour, car après la mort, où seront le licite, l'interdit, et l'obligatoire? » Il exprimait continuellement cette pensée : « J'ai purifié mon cœur de toute science, et j'ai trouvé un ami. »

La lumière, l'amour, la joie, voilà ses suprêmes leçons, résumées dans trois strophes dont il recommandait qu'on les apprît par cœur :

« L'esprit a ses origines dans la lumière du trône de Dieu, tandis que la poussière de la terre est le principe du corps humain.

« Le roi tout-puissant a établi une harmonie pour que l'esprit et le corps soient disposés à accepter le pacte et à supporter les misères.

« L'esprit est un isolé, tandis que le corps est dans

sa propre patrie ; aie donc pitié d'un étranger, atteint de nostalgie, qui est bien éloigné de sa demeure. »

Sa demeure ! Où donc le sage compte-t-il trouver sa patrie et son repos? Écartons ce brillant schall des Indes que l'École de Konia déploie devant ses initiés des premiers degrés ; écoutons dans toute son ardeur douloureuse le chant des extatiques, leur vérité suprême :

« Je meurs comme pierre et je deviens plante ; je meurs comme plante et je suis élevé au rang d'animal ; je meurs comme animal et je renais homme ; mourant comme homme, je revivrai ange. Je dépasserai l'ange même, pour devenir quelque chose qu'aucun homme n'a vu, et alors, je serai le Rien, le Rien ! »

Par une contradiction qui n'est qu'apparente, une merveilleuse force de vie se dégageait de ce grand nihiliste. Ses compagnons, s'ils venaient à le perdre de vue, éprouvaient une affreuse sensation de vide et perdaient toute allégresse. Ils étaient comme des amoureux qui ont besoin de se recharger de fluide auprès de l'être qui les a fascinés. Aussi essayait-il de les dresser à trouver dans l'idée les forces spirituelles qu'il y avait déposées dans l'extase : « Quiconque ne se sent pas agréablement en mon absence est celui qui ne m'aura pas connu. Celui-là seul m'aura vraiment connu qui se sentira bien, même sans moi. Ne sera-t-il pas animé par ma pensée? » Et il précisait : « Toutes les fois que tu te trouveras en agréable état, sache que cet état, c'est moi en toi. Lorsque tu me cherches, cherche-moi vers la joie, car nous sommes les habitants du pays délicieux de la joie. »

Recueillons encore son conseil : « On vous raconte les méchancetés commises par vos amis. Il faut les interpréter soixante-dix fois en bonnes intentions. S'il n'y a pas moyen, dites-vous que l'auteur de toutes choses comprend ce mystère, et tranquillisez votre cœur, afin de ne pas rester sans amis. Celui qui cherche un frère sans défaut, reste sans frère. » Et il chantait : « L'ami est un miroir pour l'âme dans le chagrin ; ne souffle pas, ô mon ami, sur la surface du miroir. »

Cette vision heureuse, il la met à la disposition des plus simples. Il pacifie leurs troubles. Un jour, la servante du harem se plaignait d'avoir peu d'argent : « Consentirais-tu, lui dit-il, pour mille dinards, à ce qu'on te coupât les oreilles ou le nez? — Non, dit la servante. — Eh bien ! pourquoi prétends-tu être sans ressources? Pourquoi n'estimes-tu pas à leur juste valeur les dons précieux que tu possèdes? »

C'est l'état d'esprit d'un grand artiste. Il veut faire de belles choses avec tous les êtres, les transformer en chants de bonheur.

Un jour, dans la rue, des enfants l'apercevant de loin accoururent auprès de lui et prirent une contenance humble. Seul un enfant qui n'avait pas pu les suivre criait avec désespoir : « Attendez jusqu'à ce que j'arrive, moi aussi. » Djélal-eddin s'arrêta jusqu'à ce que cet enfant fût arrivé et fût consolé.

Son beau message d'amour et d'allégresse avait fini par le posséder tout entier. Il ne savait plus qu'il avait perdu son ami, un ami que tous lui avaient disputé. Il atteignait à l'apaisement.

Le fils de Djélal-eddin a raconté qu'un jour qu'il était ennuyé et triste, son père lui demanda :

« Es-tu donc fâché contre quelqu'un? » Je lui répondis que c'était une tristesse sans cause. Mon père entra dans la maison, et au bout d'un instant, il en sortit, s'étant couvert la tête et le visage avec une peau de loup, et quand il arriva près de moi, il s'écria : hou-hou, comme on fait aux petits enfants pour les effrayer. A cette plaisante attitude de mon père, je ris autant qu'on peut le dire, et je couvris de baisers ses pieds. « Oh! Beha-eddin, me dit-il, si un être aimé, assidu auprès de toi à te faire des plaisanteries et à exciter ta joie, changeait tout à coup de forme et te criait hou-hou, en aurais-tu peur? » Je répondis : « Je n'en aurais pas peur. » — « Eh bien! cet être aimé qui te tient tout joyeux, qui excite ta gaieté et te dilate la poitrine, c'est le même qui t'a causé du chagrin et qui t'a comprimé la poitrine. Pourquoi t'attristes-tu sans utilité? » Immédiatement, continue le jeune homme, une extase s'empara de moi. Je m'épanouis comme une fleur ; je me sentis à l'aise, et pour le reste de ma vie, je n'éprouvai plus de chagrin. (11) Les préoccupations du monde ne tournèrent plus autour de moi. Et dans cet extrême contentement, me mettant à l'aise avec mon père, je lui dis : « Vous nous avez montré la grandeur des prophètes, des saints et de tous les personnages éminents, mais vous ne nous avez rien dit de votre souveraineté. — Eh bien! répondit mon père, ne sais-tu pas que celui qui loue le soleil est son propre louangeur, car il prouve que ses deux yeux sont clairs. » Mais dans cet épanouissement que venait de me donner mon père, je me permis d'insister : « Assurément vous me raconterez quelque chose de vos extases. » Il me montra la ville de Konia, ses milliers de maisons, de kiosques et de palais : « Les maisons des négociants et des notables sont plus hautes que celles des artisans ; les palais des émirs plus élevés que les maisons des négociants ; les coupoles et les pavillons des sultans et des rois de cent degrés plus hauts et plus estimés que tout le reste. Mais la grandeur et l'élévation des cieux, en comparaison de ces palais, sont inaccessibles. Nous autres, sur ce sol périssable, nous ne construisons pas des pavillons et des coupoles ornées de statues... »

Sur la fin de sa vie, ce grand poète s'inclinant vers son fils lui dit : « Mets cette dernière recommandation à ton oreille comme une boucle d'or... » et il murmura le vers arabe : « Sois un récit dont le souvenir est agréable, car les hommes ne consistent qu'en récit. »

Lui-même est-il autre chose? Djélal-eddin, quel beau conte ! Mais combien plus beau encore, quand, loin des livres et dans Konia, on va le recueillir sur les lèvres de son descendant ! Retournons chez le Tchélébi.

SECONDE CONVERSATION AVEC LE TCHÉLÉBI

Quand nous sommes arrivés, le serviteur jardinait. Il se lave les mains, et gracieusement, sans bruit, nous fait entrer dans la petite maison où le Tchélébi m'accueille avec une courtoisie amicale.

— Cher monsieur, lui dis-je, je n'ai pas abusé? Vous acceptez de subir à nouveau le questionnaire d'un fidèle de Djélal-eddin?

— Nous avons commencé les interrogations, il faut les terminer.

Il s'étend sur un divan que recouvre une peau de mouton toute blanche, un divan au bas d'une large fenêtre. Et moi, assis en face de lui, dans un fauteuil, je vois, au-dessus de sa silhouette allongée dans l'ombre, la petite prairie brillante et ses peupliers.

La chambre est très simple. De bons tapis sur un plancher de sapin grossièrement raboté, des chaises en grosse paille ; et seul le palier de l'escalier nous sépare de l'étroite cuisine, où l'on nous prépare le café. Que je me sens bien là, et que je retrouve avec amitié la figure maigre et pâle du grand Prieur, ses traits réguliers et fins, sa faiblesse nerveuse ! « Cher trésor ambulant ! » dirais-je volontiers à mon hôte, en lui appliquant l'épithète que ses admirateurs donnaient au poète du *Mesnévi*. Je me prépare à puiser à poignée dans sa conversation les perles de la sagesse et les turquoises du mystère.

— Hier, monsieur le Supérieur a dit une parole qui m'a profondément frappé. Il a dit que Djélal-eddin avait trouvé à Konia un peuple adonné à la poésie, à la musique, aux jeux, et qu'il avait employé cette poésie, cette musique, ces jeux pour lui faire connaître Dieu. Monsieur le Supérieur peut-il préciser comment le fait de tourner favorise la vie religieuse, comment la danse nous conduit à connaître Dieu?

— Il faut comprendre qu'il y a des degrés dans l'ordre. Un étranger se présente, il veut devenir derviche : pendant mille et un jours, il doit d'abord travailler dans la cuisine. Au cours de ce stage, s'il commet une faute, s'il découche sans permission, s'il boit, s'il vole, il doit recommencer les mille et un jours. Après ce temps, il est libre d'aller habiter où il veut ; il n'a qu'à choisir une des succursales, un des monastères (on les nomme *tekkés*). Il est devenu un maître, on lui donne une chambre, et, à son tour, il est servi par les nouveaux arrivés. Notez que pendant ses mille et un jours de cuisine, on ne lui a rien enseigné de la danse et de la musique ; on ne l'a pas initié dans l'ordre ; mais à ce moment il choisit un professeur, et si quelque cheikh lui plaît, il apprend de lui les rites de l'ordre. Alors, après un an, il peut se faire qu'il n'ait plus besoin d'apprendre rien des autres ; ou bien encore, il comprendra qu'il doit apprendre jusqu'aux derniers mois de sa vie. Pour ce, pas d'examen ; c'est à lui de sentir où il en est. Il peut arriver qu'il ait une telle capacité qu'il prévoie l'avenir, qu'il apparaisse dans des lieux où il n'est pas présent, qu'il se soulève entre ciel et terre. N'étant pas arrivé à ce degré, ne pouvant pas prévoir ce qui adviendra dans vingt ans, je ne saurais expliquer comment cela peut se faire.

— Vraiment, il y a des exemples?

— L'homme de Dieu, quand il se souvient de quelqu'un du monde de l'au-delà, voit son image se matérialiser devant lui. Un jour de concert, Djélal-eddin s'interrompit à plusieurs reprises de danser pour aller s'incliner devant un coin de la salle, et, quand on lui demanda à qui il portait ainsi ses hommages, il expliqua qu'il avait vu debout sur l'estrade un des poètes persans qu'il admirait le plus, Hekim Senaï, qui frappait du tambour de basque et lui disait des choses gracieuses.

— Et aujourd'hui, vous connaissez de ces grands faits?

— Ils ne manquent pas. Ainsi, dans notre ville de Konia, Hadjerisa Effendi, un homme âgé de soixante-quinze ans, possède ce degré de divination.

Je marquai une vive admiration.

— Tenez, continua le Tchélébi, j'ai reçu trois lettres d'un inconnu qui m'annonçait une guerre. A la troisième, l'Italie a envahi la Tripolitaine.

— Et vous ne vous êtes pas assuré la collaboration de ce prophète?

— Il est dans ma cuisine. C'est lui qui va nous servir le goûter.

— Ah! permettez! Vous avez tort de mettre à la cuisine les prophètes. Vous devriez le signaler au Sultan.

— Il lit aussi mon courrier.

Le Tchélébi ne semblait pas attacher une importance extrême au don de prophétie et de vision. Il me parut partager l'état d'esprit du célèbre mystique Djonéïd, à qui l'on vint un jour annoncer qu'un derviche voltigeait dans les airs au-dessus du Tigre, et qui répondit sans plus : « C'est dommage qu'il s'occupe de pareilles futilités! » Cependant je crus poli de désirer voir ce grand favorisé. Il vint nous servir du café, du thé et des gâteaux qu'il avait fabriqués lui-même. C'était un homme simplet, que j'étais pressé de voir repartir avec ses plateaux. A tout autre moment, il eût fait à lui seul une bonne distraction, mais, quand j'ai à portée de ma main le trésor des mystiques, je ne vais pas m'attarder à une piécette de cuivre doré.

— Monsieur le Supérieur, revenons au mystère de la danse.

— Pendant les études, il arrive un moment où

le derviche commence à être inspiré par la danse. Puisque notre fondateur a institué cet exercice, il est naturel que ceux qui ont voulu entrer dans l'ordre s'y prédisposent ; mais, s'ils n'en ont pas le goût, ils doivent tout de même tourner une fois par semaine, et la danse commence à leur plaire. A voir danser les autres, on s'y met. C'est un entraînement. Il y en a qui dansent en ne pensant qu'à bien tenir leurs pieds ; d'autres sont enthousiasmés, et tournoyent mieux que de plus jeunes. C'est une question d'inspiration.

— Voulez-vous me faire connaître le sens le plus profond de la danse?

— Les derviches s'appellent *Salqis*, celui qui va, qui marche vers la divinité. Il y a trois degrés dans cette ascension et pour parvenir à cette lucidité : on peut savoir par la science ; on peut savoir par les yeux (après avoir vu), et enfin on peut voir tout ensemble par les yeux et par la science. Ainsi, sans avoir vu Bagdad, nous savons que Bagdad existe ; puis il arrive que nous sommes allés à Bagdad, et que nous voyons cette ville avec nos yeux ; et enfin, une fois à Bagdad, nous étudions son étendue, sa population, ses produits, ses jardins, tout l'ensemble, et c'est là savoir par les yeux et par la science.

— Vous me dites là des choses, monsieur le Supérieur, un peu magistrales pour un simple pèlerin. Laissez-moi vous exprimer d'une manière plus vulgaire ma curiosité. Demain, j'assisterai au concert. Que dois-je y comprendre? Qu'est-ce que les derviches signifieront? Qu'est-ce qu'ils éprouveront? Et moi, par exemple, si j'entrais dans la danse, qu'est-ce que vous me laissez espérer que j'en ressentirais?

— Djélal-eddin pensait qu'il y a plusieurs chemins pour arriver à Dieu, mais que le plus court chemin est la danse.

— Puis-je croire qu'il y avait quelque chose de tout cela chez les Grecs, dans les écoles de Plotin à Alexandrie, et dans leurs mystères sacrés?

— Le Coran a pris naissance dans une ville du Hedjaz où la civilisation n'était pas avancée. Quand les Mahométans sont venus à Damas, en Perse, ils ont commencé d'étudier les philosophes, tous les livres grecs. La grammaire et le cosmos, ils les ont pris des Grecs. Pour définir la religion musulmane et en faire comprendre la solidité, deux philosophies ont été fondées, une qui concerne les choses de la vie pratique, et l'autre qui concerne la prière. Cette dernière, le souffisme, d'où sortent les derviches, nous l'avons prise des Grecs. C'est pourquoi nous leur avons donné beaucoup de liberté. Nous n'avons rien pris ni des Anglais ni des Français, mais c'est vrai que chez les Grecs, la danse religieuse existait; seulement chez les derviches, elle est l'emblème, le signe distinctif.

— Ainsi vous avez recueilli un moyen d'enthousiasme qu'il y avait dans les temples de la Grèce et dans les mystères helléniques. Votre concert spirituel s'élève dans l'Islam, comme ces figures de déesse que nous maintenons à deux pas de nos cathédrales, et qui, loin d'être un scandale, font plaisir même à notre grand chef, le Pape, dans ses musées du Vatican.

— Chez les musulmans, la musique est défendue, s'il s'agit de l'entendre pour s'amuser; mais elle est bonne, si elle doit inspirer des sentiments religieux.

Djélal-eddin racontait qu'un jour Ali, ayant reçu de Mahomet la confidence des mystères du ciel, ne pouvait plus respirer ; étouffé par un si grand poids et redoutant de le partager avec personne, il se condamnait à la solitude ; alors il courut au milieu de la campagne se pencher sur un marais, où il commença d'énumérer et en quelque sorte de jeter un à un tous ses secrets. Peu après, un roseau poussa dans ce marécage, dont un berger par hasard fit une flûte. Et tous les Arabes qui entendaient sa musique, voire les chameaux, faisaient cercle autour de lui, et ceux-ci s'arrêtaient de paître. Mahomet aussi voulut l'entendre. Quand le berger commença de préluder et que tous les compagnons pris de ferveur pleuraient et s'évanouissaient : « Arrêtez, cria le Prophète, ces mélodies sont le commentaire des secrets que j'ai communiqués à Ali... » Voilà le concert permis. Mais un concert défendu, c'est celui qui n'intéresse pas l'âme. Il faut que soit toujours exact le grand vers de Djélal-eddin : « La voix du violon, c'est le bruit que fait en s'ouvrant la porte du paradis (12). »

— Ah ! que je suis content ! Demain, quand on chantera et dansera les poèmes de Djélal-eddin, j'entendrai les confidences que le ciel a faites au poète il y a sept siècles ! Ce qui a été déposé de divinité dans le *Mesnévi* et le *Divan* me sera rendu sensible par le rythme que ces poèmes communiquent à l'âme et au corps des derviches !

— Voici exactement : au début, vous entendrez le Coran ; puis la première fois que les derviches chanteront, ils chanteront des vers de Djélal-eddin pour l'amour de Chems-eddin, des vers du *Divan*.

C'est une personne qui les lit. Et après commenceront les deux flûtes. Et après commencera le tourner avec le tambour et la flûte. Et après le tourner, on lit le Coran et le *Mesnévi* et ensuite des prières en turc.

— La musique que j'entendrai, fut-elle composée ou tout au moins choisie par Djélal-eddin?

— Elle nous vient de bouche en bouche par tradition.

— Les poèmes que l'on dit pendant le tourner et que vous attribuez à Djélal-eddin sont sûrement de lui?

— Il avait l'habitude de porter avec lui une flûte de roseau et un petit tambour. En tournant, il disait des vers ; ses musiciens les transcrivaient, les mettaient en musique et, au plus prochain concert, les chantaient.

— Je vous demande que vous ne vous lassiez pas de m'expliquer le développement de la cérémonie.

— Au commencement, vous verrez quelques promenades et la musique s'élèvera. C'est pour préparer à l'exercice de la danse. Tous s'agenouilleront et frapperont de leurs mains sur le plancher, puis ils se lèveront, signifiant ainsi des hommes qui meurent pour ressusciter. Et alors ils commenceront à marcher en processionnant autour de la salle de danse.... Pendant cette promenade, la musique joue, et cela signifie qu'après avoir ressuscité ils marchent vers Dieu. Leurs trois tours achevés, ils sont devant Dieu... Le Tchélébi tient la place de Dieu. Non qu'il soit la personne de Dieu, mais il est son représentant. Il n'a pas les forces de Dieu, mais il a la force d'accomplir les ordres de la divinité. En cette qualité, j'autoriserai à danser... La première danse, alors, c'est la science ; la seconde danse, c'est de voir avec les yeux ; la troisième danse, c'est la période de l'entière connaissance... A ce troisième degré, les danseurs sont inspirés, ils sentent tout ce qu'ils doivent sentir ; c'est la fin de leur désir, c'est une extrême puissance que je ne puis exprimer. Ils dansent, sans savoir ce qu'ils font.

— Je trouve ces explications bien intéressantes, et je remercie monsieur le Supérieur ; mais ne sont-elles pas un peu abstraites? Je voudrais examiner le livret de l'opéra que je vais voir danser. Puis-je tenir dans mes mains les textes?

— Il y a un ou deux exemplaires liturgiques dans chaque tekké. Le choix des textes a été fait par les successeurs de Djélal-eddin.

— Il ne me suffirait pas d'avoir les textes. J'en voudrais posséder l'esprit. Quel privilège pour moi de causer avec le successeur du grand Djélal-eddin, avec l'héritier de son sang et de sa pensée !

Avec la parfaite bonne grâce d'un savant et d'un gentilhomme, le Tchélébi m'offre de lire avec moi les grands textes et de me les expliquer.

J'accepte d'enthousiasme.

Il fait chercher des branches de lis en fleurs, et les remet à chacun de nous, cependant qu'on lui apporte des manuscrits anciens du *Mesnévi* et du *Divan*.

Belle écriture simple et noble, rouge, noire et or sur parchemin. Il tourne ces pages splendides familièrement et avec le respect d'un amoureux.

Simplicité, beauté, frémissement de cette scène.

J'aime ces raffinements, où ne se mêle aucun luxe d'argent. Ils valent par un goût parfait, et parce que la part sensible en est subordonnée à une spiritualité.

Le Tchélébi feuilletait le *Mesnévi* et le *Divan*, tantôt traduisant, tantôt commentant, et le plus souvent, oublieux de mon ignorance, il modulait de longs passages en persan, d'une voix profonde, religieuse, chantante. Je le ramenais à une plus humble besogne d'explication, et quand je voulais insister et obtenir des précisions, il riait et s'étonnait, trouvant inutile, ce me semble, qu'on exigeât tant de clartés.

Je ne veux pas rapporter ici les notes que j'ai prises durant cette belle leçon. Il me semble préférable que je les mette en œuvre, demain, dans le récit du concert auquel je vais assister

Le soir commençait à obscurcir le charmant paysage. Je vis à ma montre qu'il était sept heures passées. Depuis plus de quatre heures, je fatiguais cet homme délicat, mes deux traducteurs et le docteur Contenau.

— Ah ! lui dis-je, avec une espèce de désespoir, en me levant, il nous faudrait plus de huit jours !

Il m'offrit de me faire copier les plus beaux textes.

— Oui, mais vos commentaires? Je voudrais rester six mois, et je commencerais à tourner.

— Écoutez, me dit-il, je ne danse qu'une fois par an, à la fête des (*le nom m'échappe*). Voulez-vous que demain je danse pour vous?

Je lui saisis la main.

— Monsieur le Supérieur, c'est une telle vision qui donnera son plein sens à mon pèlerinage de Konia.

Il me reconduisit jusque dans le petit jardin. En plein air, je vis mieux combien il était épuisé de l'effort qu'il venait de fournir. Je lui exprimai avec effusion ma gratitude de sa parfaite complaisance à me dévoiler un si grand poète.

— Cher monsieur, lui ai-je dit, la cérémonie où je vais vous voir figurer, avec tous vos prestiges de musique, de chant, de danse, de décors, de symbolisme et de vieilles traditions, me promet la sorte de poème en action, la grande œuvre de lyrisme et d'émoi religieux que toute ma vie j'ai pressentie et désirée. C'est la marmite des sorcières, mais où vous ne mettez rien d'immonde, rien que de noble et de spirituel.

PROMENADE DANS KONIA

Tandis que le Tchélébi épuisé se refait de nos causeries dans sa douce maison silencieuse, et que le Balayeur, sur je ne sais quel ordre, me fuit, je vais aux quatre coins de Konia interroger les sites et ranimer la figure charmante au milieu du cortège extravagant de ses disciples.

Une grande ville assez prospère, cette poussiéreuse Konia, et qui paraît bien peu orientale à celui qui vient d'au delà du Taurus. Des maisons turques à un étage, aux fenêtres treillagées de bois, aux balcons grillés, et badigeonnées de bleu ou d'ocre sous leur toiture de tuiles rouges ; des mosquées en forme de cubes, surmontées d'une coupole, entourées parfois d'un jardin : tout un ensemble précaire, éphémère, rehaussé par une demi-douzaine de monuments historiques, les plus humbles et les plus somptueux, mais amoindri, je veux dire dénaturé, par deux, trois constructions neuves à l'européenne (le Konack, la Banque ottomane). Konia, en somme, doit le plus sûr de sa couleur locale aux caravanes et aux chameaux qui la parcourent.

Je suis allé jeter un coup d'œil sur les faïences du collège de Karakaï. C'est, dit-on, la plus belle décoration persane qui subsiste du treizième siècle. Toujours cette jolie solitude d'appartement d'été; toujours ce goût simple, humain, qui garde dans ses raffinements quelque chose de familier et de primitif. Une porte mène à un immense cimetière, continué par une plaine, des prairies et au loin de douces montagnes. A l'ombre de la mosquée, sous le plus beau platane, une dalle de marbre, évidée dans son centre, où poussent des iris, s'appuie sur un fond de faïences bleu céladon, que les visiteurs pillent et massacrent, hélas!... Quel décor plein d'invitations! Il pourrait, il voudrait devenir poème, sonate, jeune figure féminine et, mieux encore, douce acceptation, voire désir de la mort, mais, pressé que je suis, je n'en recueille qu'un enchantement stérile.

Qu'ai-je encore remarqué? La mosquée Indjé Minarelli médressé, dont le portail ogival, formé par deux bandeaux de pierre bordés d'arabesques, me donne l'illusion de quelque chose d'hispano-mauresque, l'idée d'une décoration déjà vue à Valladolid, à Tolède. Il n'y manquait qu'un écusson aux armes...

Ailleurs, dans une grande mosquée ruineuse, de superbes tapis...

Ailleurs encore...

Mais non, des tapis, des carreaux émaillés, des

entrelacs, des lettres ornementales, des iris, des roses, des chameaux et partout cette odeur d'Orient qui commence déjà en Andalousie, ce n'est plus aujourd'hui mon affaire. Konia, pour moi, c'est la ville des disciples, le lieu où l'on voit des esprits qui s'engendrent et s'enflamment.

Un des phénomènes les plus attrayants de l'univers, ce mariage des âmes se précipitant l'une vers l'autre pour se confondre, de telle manière qu'on ne peut pas distinguer Chems-eddin de Djélal-eddin, non plus que Platon de Socrate. Le type éternel de ces ardeurs et de ces échanges de maître à disciple, c'est, dans la Bible, l'aventure d'Élie et d'Élisée. Vous rappelez-vous cette scène grandiose? Élie, l'homme de Dieu, marchait dans le désert, et il dit à son compagnon Élisée : « Demande ce que tu veux que je te fasse, avant que je sois enlevé d'avec toi. » Et Élisée répondit : « Je te prie que j'aie ton esprit... » Et comme ils continuaient leur chemin, voici qu'un chariot de feu et des chevaux de feu les séparèrent l'un de l'autre. Élie monta aux cieux par un tourbillon. Et Élisée, le regardant, criait : « Mon père, mon père, chariot d'Israël ! » Et il ne le vit plus, mais le manteau d'Élie était tombé sur lui...

L'esprit d'Élie s'est posé sur Élisée. Quel chapitre de l'histoire des grandes âmes ! Histoire héroïque, histoire éternelle. De nos jours encore, c'est le même phénomène. Deux mystiques, s'ils se rencontrent, se confirment l'un l'autre dans la confiance qu'ils peuvent avoir de leurs expériences. A se voir favorisés d'une manière analogue, ils prennent une sécurité inébranlable. « Je suis dans une voie connue ; je ne suis pas seul ; je ne suis pas la dupe d'une illusion... » Mais ce n'est pas assez de dire que leurs deux extases se confirment ; elles se surexcitent, l'une l'autre, et de vingt manières que l'on retrouve pareilles à travers les siècles, dans les pays les plus variés. Ainsi, chez nous chrétiens, les humiliations de saint à saint. « Tu es un chien. Tu ne mérites pas de délier les souliers de Judas. Je vais te fouler aux pieds... » Vous distinguez quelque chose de cela dans la cellule, où trois mois durant, Djélal-eddin et Chems-eddin demeurent en tête à tête. Vous y vérifiez aussi l'immense plaisir qu'à toutes les époques, dans tous les pays, tous ces mystiques éprouvent à se rencontrer. Ils volent à travers le monde, à la recherche les uns des autres. Nos aïeux ont vu M. Olier sillonner la France de ses pèlerinages à des femmes mystiques. Sitôt ensemble, et sans qu'ils se dissent rien, l'extase commençait. Ainsi se justifie la valeur universelle de la définition donnée par Calah-eddin, le Batteur d'or (celui dont le balayeur m'a parlé) à qui l'on demandait : « Quel est le vrai mystique? » et qui répondait : « C'est celui qui te parle de ton mystère pendant que vous vous taisez. »

Cet influx réciproque de deux êtres, cette fascination et cet engendrement des âmes, c'est un phénomène primitif et qui compte parmi les pulsations vitales du cœur de l'humanité. Chaque race, chaque pays, chacun de nous, peut-être, l'a éprouvé. A Port-Royal, Saint-Cyran hypnotise la mère Angélique et bien d'autres ; à La Chesnaye, le charme de Lamennais agit sur des êtres aussi différents que le jeune Montalembert (qui pouvait être prédestiné par son hérédité méthodiste) et que Maurice de Guérin (lui, tout entier, noyé dans la nature). Mais les faits ne sont nulle part plus attrayants et plus puissants qu'à Konia.

Quelles influences catholiques de Byzance et d'Arménie venaient se combiner dans cette ville sainte avec l'Islam arabe et avec les ferments anti-islamiques que la famille de Déjlal-eddin apporta de l'Asie centrale? Ce n'est pas moi qui peux traiter ce magnifique problème. Mais les saints des derviches tourneurs ont laissé dans la mémoire populaire une multitude de traits où se peignent au vif leurs ardeurs spirituelles, leur apostolat, leur ascétisme, leurs prodiges; et grâce aux textes publiés par M. Clément Huart, nous sommes admis dans l'intimité de ces singuliers personnages, véritables instruments de l'Esprit qu'ils ne cessent d'appeler. Nous les voyons groupés autour du grand poète qui les a recrutés sur place, ou qu'ils sont venus rejoindre, attirés par sa gloire. En somme, il n'est pas de ville au monde dont l'esprit nous soit mieux connu que l'esprit de cette Konia des saints, où je crois voir encore mon poète voltiger sur le char de feu.

Ville d'un réveil religieux et artistique. J'en bats tous les quartiers d'un pied infatigable, sans épuiser le plaisir de connaître les sites où passèrent ces voilés du trône de Dieu, ces nageurs dans la mer de la connaissance parfaite, ces révélateurs des mystères, et entre eux tous, le plus brillant, le Maître, « la Perle centrale des colliers de la pensée ».

Au cœur de la ville, dans le quartier musulman de Chemsi, repose Chems-eddin. Nous y sommes allés à travers des ruelles, des maisons, des jardins. De loin, mon guide me faisait voir la coupole pointue à huit pans. J'entrai dans un petit cimetière où quelques stèles étaient perdues sous de grands herbages que secouait un vent léger. Les oiseaux chantaient. Le plus touchant des cimetières turcs, enfermé dans des murs de pisé, derrière lesquels de pauvres maisons montrent à peine leurs têtes et que dominent de hauts peupliers frémissants. Entre les tombes, un sentier dallé nous conduisit à une mosquée délabrée. J'y trouvai une salle de danse, assez obscure, décorée de carreaux en débris, de lustres de cristal ternis par la poussière, et de pendeloques ébréchées. C'est une modeste succursale de la maison mère. Les derviches, à certains jours, y viennent tourner près du tombeau, dont nous sépare une cloison vitrée qui s'élève à mi-hauteur d'homme. Il est là, le noble extravagant, installé au-dessus de son puits, avec de nombreux cadeaux, cierges, boules de verre, œufs d'autruches, un lustre encore. Mais quelle solitude ! quelle odeur d'abandon, d'humidité et de roses mortes ! Ce n'est ici qu'une mosquée de quartier, une douce maison agreste et funéraire. Nulle inscription n'y rappelle le Maître. Seulement un soleil surmonte le cénotaphe, le soleil de Tébriz. « J'étais neige et je fondis (sous un rayon de ce Soleil), chante Djelal-eddin, si bien que la terre me but, jusqu'à ce que je devinsse un brouillard d'âme qui monte vers le ciel. » (13)

En quittant ce profond Chems-eddin, je suis allé porter mon hommage au cheikh Cadr-eddin, qui fut l'ami de notre grand homme. Lui aussi, il repose dans une petite mosquée toute calme, et si fraîche qu'elle sert de cellier pour quelques jarres d'eau de la source de Méram, dont la vertu est de se bonifier en vieillissant.

Le titre immortel de Cadr-eddin, c'est qu'il a prononcé la prière finale sur le corps de Djélal-eddin. Tous les grands savants prétendaient à cet honneur. Le mourant lui-même désigna Cadr-eddin. C'est sans doute à ce moment que celui-ci cherchant à exprimer quelques espoirs de guérison, le glorieux poète les écarta par cette suprême parole : « Entre l'amant et l'amante, il ne reste plus qu'une chemise de crin. Ne voulez-vous pas qu'on la retire et que la lumière se joigne à la lumière? S'embrasser sans voiles est plus agréable. »

On m'a lu sur la porte de cette petite mosquée une inscription où il est dit que Cadr-eddin a légué ses biens en fondations pieuses. Ses livres sont encore là, quelques ouvrages de théologie et de philosophie mystique, dont M. Huart a parcouru sans enthousiasme le catalogue.

Tout en suivant les traces de ces « prophètes » dont j'aimerais tant à saisir le profond secret moral que leur musique me voile, je saluais en pensée les disciples féminins du Maître...

Chaque semaine, dans la nuit du jeudi au vendredi, les grandes dames de Konia se réunissaient chez l'une d'entre elles, une personne extrêmement distinguée, que Djélal-eddin appelait la « directrice spirituelle des Dames ». Après la prière de la nuit close, le Maître arrivait, tout seul, et s'asseyait au milieu de leur cercle. Elles répandaient sur lui des pétales de fleurs et de l'eau de rose, tandis qu'il s'occupait de mystères et de conseils moraux. Pour finir, de jeunes esclaves récitaient des vers, jouaient de la flûte et du tambour de basque, et il dansait. Les femmes tombaient dans une telle extase qu'elles ne distinguaient plus leurs pieds de leurs têtes, ni leurs têtes de leurs bonnets ; elles jetaient dans ses souliers tous leurs joyaux, avec l'espoir qu'il leur accorderait une faveur ; mais après avoir accompli la prière du matin avec elles, il les quittait. (14)

C'étaient là, semble-t-il, des séances fort tapageuses, car, une nuit, un groupe de Djinns qui habitaient le quartier vinrent se plaindre à ces dames : « Nous n'avons pas, dirent-ils assez sèchement, la force de supporter tout cet éclat de lumière. Dieu vous garde qu'une douleur vous atteigne par notre faute. » Elles allèrent rapporter cette demi-menace à Djélal-eddin, qui sourit et d'abord se tut. Après trois jours, il dit : « Ne vous préoccupez pas. Tous ces Djinns sont devenus mes disciples ; ils ne causeront de peine ni à vous, ni à vos enfants, ni à vos amis. »

Il y a aussi des histoires de saints derviches et de femmes inquiètes, des anecdotes qui découvrent avec une étonnante brutalité le mépris des hommes de Dieu, en Orient, pour les personnes du sexe, et la part d'érotisme qui se mêle au mysticisme brut, non encore épuré par l'Église. Et puis je voudrais vous dire combien j'aime Bayezid-Bastami. Il n'a pas son tombeau à Konia ; ce n'est qu'en esprit qu'il y compte, par son influence sur le maître et sur les derviches ; mais de tous ces êtres lumineux, c'est peut-être ce petit fils du Mage qui éclaire le plus crûment le mécanisme de l'extase, ses beautés et ses dangers. Les extravagances qui nous scandalisent dans les vies des saints, et qui sont les défis de la plus haute humanité aux gens des coteaux modérés, abondent dans la légende de ces Bastami (15).

Mais il faut que je m'arrête. Si Konia m'enchante au point que je n'y peux connaître la fatigue, je dois compter avec celle du lecteur. Dieu ! quel ennui de quitter bientôt un lieu tout brillant de ces trésors sur lesquels l'ombre va redescendre. Le silence que j'ai troublé va se rétablir dans ces petites mosquées des saints. Leur solitude profonde donne le plus beau sens à ce mot d'un cheikh qui, durant une danse, après la mort du poète, dit : « Il est venu comme un étranger dans ce monde et s'en est allé de même... »

Cependant, visible de toutes parts, une pyramide de faïence d'un bleu verdâtre surmonte son tombeau, et cette haute turquoise découpée sur l'azur m'appelle. L'heure du concert est venue. Je vais me plonger dans ses extases, qui complètent les délires des Bacchantes de Byblos et le séidisme des jardins d'Alamout.

LA DANSE

Me revoici dans le couvent des derviches tourneurs et dans leur salon de danse, surmonté d'une coupole et planchéié d'un bois blanc poli par le frottement. Pour l'instant il est vide. Le public s'amasse dans la salle-vestibule, et seuls les privilégiés, dont je suis, ont accès aux sortes de loges aménagées dans deux des arceaux qui, au nombre de quatre, supportent la coupole. Le troisième arceau ouvre sur cette salle que je viens de dire, toute remplie du commun des spectateurs ; le quatrième sur la galerie pleine d'ombre où luisent les tombeaux, et parmi eux, tout or et argent, le catafalque du grand poète.

Les spectateurs se tiennent fort mal ; ils ne cessent de se remuer et de marquer leur impatience. Ils se pressent autant qu'ils peuvent, pour distinguer ce qui se prépare dans le salon des tombeaux. C'est de là que vont venir nos derviches et mon éminent ami. Et de là soudain s'élèvent des préludes nasillards : la récitation d'un texte du Coran.

Les derviches en chapeaux de feutre, en manteaux noirs, hermétiquement fermés, sous lesquels passent deux doigts de leurs robes blanches, débouchent, un à un, des tombeaux dans notre salon de danse. Ils viennent s'agenouiller, s'asseoir en tailleurs, devant nous, sur le parquet : autant de poupées essuie-plumes.

Et soudain, toujours du milieu des tombeaux, une voix s'élève, pendant que le public se tasse, rit, est indécent. C'est un derviche qui commence à réciter, à chanter sans musique, debout sur une estrade. Et les quatre versets qu'il déclame, empruntés à Djélal-eddin, le Tchélébi hier me les a traduits.

Premier verset : — Je monte, je vais vers le ciel. Est-ce qu'il y a de droite ou de gauche des personnes qui veuillent me suivre? Avant, nous vivions au ciel, dans l'amitié des anges. De nouveau nous y retournons, parce que c'est là notre pays. La bonne chance nous favorise, de quitter notre vie et notre profession. Et le chef de notre caravane, Mahomet, la gloire de tout le monde, est respecté de tout le monde. Le bon parfum qu'apporte le zéphyr de l'aube provient du mouvement de la chevelure de Mahomet.

Deuxième verset : — La force de mon imagination, je l'ai prise au visage de Mahomet, qui est aussi brillant que les premiers feux de l'aube. Le Soleil de Dieu (c'est Chems-eddin) est né du côté de Tébriz, à qui j'ai dit : Ta lumière touche tout le monde et est séparée de tout le monde.

Troisième verset : — Ne demande pas « où allez-vous? » à ceux qui sont extasiés de ta figure, puisque tu les as grisés de ta lumière divine. (Ne demande pas « êtes-vous juif, chrétien, musulman? » puisque tu les as enivrés.)

Quatrième verset : — O Chems-eddin, soleil de Tébriz, tu m'as fait souffrir beaucoup; pourtant contre une souffrance tu m'as donné cent satisfactions.

La voix frémit, gémit, se lamente, se convulse pathétiquement. Et les derviches achèvent de s'installer.

Parmi eux, je vois le Balayeur. Me reconnaît-il? Il est en cérémonie. Le grand Tchélébi, demeuré seul au milieu des tombeaux, regarde ses disciples prendre place. Il porte une robe grise à ceinture rose ; un turban noir est roulé autour de son haut feutre. Quelle image inoubliable de douceur et de mystère, qui se détache sur le catafalque somptueux de l'aïeul !

Alors commence le thème suave des deux flûtes. Une seule d'abord, légère, incertaine, à laquelle répond une seconde, plus grave.

On entend le souffle du derviche musicien sur le roseau.

Petit tambour ! Au premier coup, tous les derviches, assis en cercle, tapent des mains sur le parquet et inclinent leurs têtes jusqu'au sol.

A ce moment arrivent les dignitaires, qui jusqu'alors s'étaient tenus auprès des tombeaux. C'est une arrivée pleine de majesté; mais, à leur suite. les fidèles font une irruption sans tenue.

Les derviches ayant cessé de frapper des mains et quasi de la tête sur le plancher se lèvent. Leur inclination à terre, c'était le signe des hommes qui meurent pour ressusciter; maintenant la promenade commence.

Je note un épisode : un des derviches culbute et chasse un des spectateurs, qui sans doute riait.

Ils font trois fois le tour de la salle en longue file, l'un derrière l'autre, tandis qu'un petit orchestre placé sur une estrade joue, et ces trois tours expriment des manifestations de l'âme. Cette promenade, après leur résurrection, c'est la marche vers la divinité. Et le troisième tour achevé, les voilà devant Dieu. En fait devant le Tchélébi.

A ce moment, celui-ci donne l'autorisation de danser, et vient prendre la tête de la promenade. Son premier acte, c'est de s'avancer de deux ou trois pas, pour un profond salut au tombeau du poète. Puis il se retourne et s'incline profondément devant le derviche qui le suit, comme s'il voulait communiquer à chacun le salut qu'il a offert au poète. Il s'incline en mettant la main sur son cœur et la pointe de son pied droit sur son pied gauche, comme il a mis sa main droite sur sa main gauche. Rien de plus modeste. Et à chacun des tours, chaque fois qu'il passe devant le tombeau, il fait derechef trois pas et un salut.

Que c'est beau, ce moment où le grand poète est l'objet commun, le centre, le cœur de toute cette activité! Il est mort depuis sept siècles, mais ses fils se déclarent liés à lui et reçoivent de son génie, de sa personne, un secours, un rythme, sur lequel sans plus tarder les voilà qui s'ébranlent.

Cette marche des derviches, une force monotone, constante, une force qui se ménage, l'allégresse d'un moteur bien régulier. Non moins monotone, un concert de flûtes et de tambours la règle et la soutient.

Le troisième tour terminé, et le grand Tchélébi ayant repris sa place, tous se rasseyent. Puis chacun se défaisant de son manteau, et l'un après l'autre, ils se jettent à l'eau : la danse commence. Jusqu'alors c'était une danse-promenade, une procession autour de la salle. Maintenant, chacun d'eux a laissé tomber son manteau, a salué, a étendu les bras, comme s'il prenait son vol, et tous de remplir de leurs tournoiements le plancher de bois blanc.

Quand on commence à tourner, m'a fait remarquer le Tchélébi, c'est comme la fin du monde ; il n'y a plus ni maître ni valet ; tous sont égaux, tous inspirés. Et pour le signifier on chante les vers du *Divan* :

Cette maison où il y a de la musique, demandez au maître de la maison quelle est cette maison... C'est comme la fin du monde où chacun s'occupe de soi-même. Chacun est tellement occupé avec ses propres réjouissances qu'on ne peut distinguer qui est l'un ou l'autre. Est-ce un maître ou un valet?

Un à un, ils se sont décidés, et comme on entre dans la piscine, se détachant de la piste, ils sont entrés en tournoyant dans le centre du parquet. Ainsi dépouillés de leurs manteaux, vêtus tout de blanc et d'une immense jupe plissée, où l'air s'engouffre, et qui s'évase en cloche, ils pivotent comme des toupies, plus ou moins rapidement, mais tous d'un même air concentré, sérieux. Chacun pour soi.

Après un quart d'heure, ils s'arrêtent, pour reprendre haleine sans doute, font un petit tour de piste, puis repartent.

Voilà le bedeau qui circule, vieux petit homme, allant de l'un à l'autre en leur marquant le rythme.

Quelques-uns font peine à voir et me rendent intelligible le proverbe : « Considérez le gros un tel, il ne se soucie plus de tourner. Il s'est réfugié dans la musique. »

Le Balayeur tourne un peu langoureusement. Un bon garçon aux joues réjouies, à la face de lune, sérieux comme une langouste, tourne avec magnificence. Le Tchélébi très digne, simple, monacal, la tête en arrière, les yeux mi-clos, semble déguster un vieux vin.

Les voilà partis pour le monde de l'exaltation. Comment les suivre dans ce grand jeu violent? Comment entrer avec eux dans la cuve de leur vendange? C'est un élan. Vers quoi? Je vois bien qu'ils subissent un choc, mais, ce choc mental, que ne leur arrache-t-il un cri ! Ne jetteront-ils pas un cri d'homme, ces fous? Que va-t-il jaillir de cette crise tournoyante? J'attends. Depuis sept siècles on attend. Je ne vois rien que leur contentement.

Le grand Tchélébi en dansant avait l'expression d'une figure du Bernin.

Il tourne, tourne, enveloppé de son bonheur inexprimable. Ce qu'il éprouve, rien ne nous met sur la voie de le comprendre. Il est heureux, notre grand Tchélébi.

Ainsi pendant trois tours, chaque fois sur un

rythme nouveau, où l'on sent une gradation. Ils sont vingt-cinq à tourner ; plus dix musiciens et chanteurs : en tout trente-cinq. Et voici sur quels poèmes :

Mes yeux sont colorés par le sang, quel besoin ai-je du vin? Ma foi est brûlée comme une grillade, qu'ai-je besoin de la grillade? Mon corps n'a été utile, ni à moi ni à celui que j'aime, que puis-je donc faire de mon corps? Oh! mon Dieu, qu'ai-je à faire de ce morceau de terre?

Et encore (du *Divan* et du *Mesnévi*) :

Je ne savais pas que tout le visible et tout l'invisible, c'était toi, Dans les corps, dans les âmes, c'est toi toujours.
Dans ce monde, je demandais un signe de toi. Après j'ai appris que ce monde tout entier était toi.

Figures perdues, concentrées, absentes, sans rayonnement pourtant, tout cela morne, égoïste, physiologique. Je voudrais des pleurs ou des plaisirs de l'âme. A la fin, plus de chant, rien qu'une musique rapide, moins haletante. Ils semblent des oiseaux qui ne battent plus des ailes, qui planent. Tous en plein ciel. Le grand Tchélébi, les mains sur son cœur, puis les bras ouverts, le regard en haut, accueille le monde, se perd dans l'azur. C'est l'extase, c'est l'instant où ces danseurs enivrés éprouvent que leur désir nostalgique fait éclater leur moi individuel. Ils ne sont plus maîtres des facultés de leur être. Comme le grain de blé se meurt dans le sol pour que la tige s'élève à la lumière, dans l'extase leur âme, leur idée, leur surnature se dégage et s'épanouit. Tout est douceur, harmonie, unité, innocuité. Ils croient avoir rejoint la force primordiale, la réalité suprême, s'y apaiser et s'y confondre (16).

Ainsi dansait, il y a sept siècles, le grand Djélal-eddin Roumi, et il disait avec le sublime orgueil des poètes : « O ciel, qui tournes en cercle autour de nos têtes dans l'amour du soleil, tu exerces le même métier que moi ! »

DANS LA LOGE DU TCHÉLÉBI, APRÈS LA DANSE

Après la danse, je suis allé dans la loge du Tchélébi, qui donne sur le parvis de marbre et sur les petits jardins de la dervicherie, une loge largement baignée de lumière au point de ressembler à une serre, et toute décorée des turqueries habituelles, peintures brillantes, sofas, miroirs et pots de fleurs.

Il est assis sur un divan, les jambes croisées. Quelques personnes sont venues le féliciter, trois, quatre, tout ce que peut contenir de visiteurs cette étroite cellule-boudoir.

Je ne peux tout de même pas lui dire, comme on ferait dans les coulisses de l'Opéra : « C'était charmant, et à la fin tout à fait émouvant. Quelle grâce et quelle mystérieuse spiritualité ! Sans flatterie, monsieur le Supérieur, vous étiez le roi du bal par votre sérieux et votre air de noblesse. » Non, je ne peux pas lui dire cela, que je pense ; et je ne trouve pas convenable non plus de lui exprimer les curiosités qui m'obsèdent : « Dans quelle mesure cette danse est-elle une nourriture pour l'âme? J'admets que vous venez de toucher, comme en songe, au seuil des régions supérieures, mais quelle efficacité, dans cet exercice? A quoi ce concert spirituel vous aide-t-il? » Je n'ose formuler ces questions, car ainsi ramassées elles sembleraient grossières. Et pourtant j'ai besoin d'y avoir une réponse et de donner un sens total à la vitalité violente de cet après-midi. Depuis sept siècles, chaque vendredi, ces derviches se livrent à l'enthousiasme. Quel est le fruit de leurs beaux paroxysmes?

On a beaucoup parlé stérilement des grands poètes de l'Asie, et pour ma part combien j'en ai rêvé! Or, voici que j'ai pu m'approcher du tombeau de cet illuminateur de l'Islam. Les documents poussiéreux m'y sont apparus comme des choses vivantes. Maintenant il s'agit de les mettre à la disposition du public : il s'agit d'introduire Djélal-eddin et le soleil de Tébriz dans le cercle classique ; je voudrais les humaniser, à l'usage de l'Occident. Je suis encore loin de compte! Au moins puis-je dire que j'éprouve de la sympathie, et que toutes ces choses, bien qu'elles me choquent, contiennent un ferment majestueux et doux. Le dieu y paraît. L'expérience que j'ai prise de ce Tchélébi et de ses disciples, tournoyant avec innocence et conviction au son de la flûte du poète immortel, ne me laisse plus lire sans émotion ce beau récit que voici du fils de Djélal-eddin sur son père et sa dervicherie :

« J'étais assis avec le médecin dans la dervicherie, lorsque tout à coup mon père entra. Il posa sa tête bénie sur mes genoux et regarda chaudement mon visage. « Oh! mon fils, me dit-il, considère-moi longtemps. » Je lui répondis : « Peut-être au lendemain de la Résurrection, verrai-je pareillement votre visage béni? — Par Dieu, s'écria le médecin, j'ai la croyance que qui-

LE TCHÉLÉBI, SUCCESSEUR ACTUEL DE DJÉLAL-EDDIN ROUMI

'Après la danse, je suis allé le saluer dans sa loge de la dervicherie et il m'a remis sa photographie sur laquelle il inscrivit quelques vers turcs et persans.

conque aura vu dans ce monde une seule fois le visage béni de notre maître sera au jour de la Résurrection un intercesseur tout-puissant. » Mon père se leva alors et dit : « Dieu pardonnera à cause de toi à tous les médecins du monde. Oui, quiconque nous aura vu ne verra pas le visage de l'enfer. Il viendra un temps où cette dervicherie sera totalement détruite, mais ceux qui passeront sur son emplacement n'iront pas dans l'enfer. » Et il chanta : « Tu es bien belle ! Que le mauvais œil soit loin de toi ! Heureux l'œil qui a vu ton visage ! Voir ton visage, c'est bien rare ! Heureuse l'oreille qui a entendu ton nom ! »

Avant que je le quitte, le Tchélébi me remet cordialement sa photographie où il vient d'écrire quelques phrases, rapidement, avec cette prodigieuse élégance de nos grands confrères les lettrés de l'Orient :

Permission, à Notre Maître !

(Il demande au Maître, c'est-à-dire à Djélaleddin, la permission de donner ces vers et de les donner à quelqu'un qui n'est pas musulman.)

Puis suivent des vers turcs :

Par la peinture qui retrace mon triste visage, tu découvriras l'état de mon cœur.

Sur la tablette de mon front, tu liras la copie de mon destin.

Et il signa :

Le fils (le descendant) de Son Excellence Notre Maître, le cheikh Mohammed Béhâ-ud-din Véled, serviteur des seigneurs Meslévis au Seuil sacré.

Mohammed Véled.

CONVERSATION FINALE AVEC LES FRANÇAIS DE KONIA

Chaque soir, après des journées si bien remplies, je retourne en Europe, c'est-à-dire que je rentre à l'hôtel de la gare. Cette gare, ces arbres, son hôtel entouré d'un petit jardin, c'est un coin d'Occident, une oasis, la promenade préférée de tout Konia. Aux heures les moins chaudes, la ville s'y vient installer. Ailleurs tout est livré aux punaises, et de ma fenêtre, par-dessus le toit rouge de la gare des marchandises, je vois les dures collines implacables. Mais cet étroit espace, c'est la France.

A la table voisine de celle où j'écris ces notes, je viens d'entendre les réflexions amères de deux voyageurs allemands : « Oui ou non, disent-ils, sommes-nous sur le chemin de fer allemand et dans un hôtel allemand? On n'y parle que le français, et on y joue *la Marseillaise!* »

C'est l'œuvre des Assomptionnistes. Ce soir, le dernier soir de mon séjour à Konia, leur supérieur, le Père Gaudens, veut bien venir dîner avec moi. Je lui fais tous mes compliments.

— Bah! me dit-il, on est au monde pour lutter. Tout ce que nous ferions, si nous avions des novices! Notre ordre se maintient par l'Italie, l'Espagne, la Belgique, mais le point sombre, c'est le recrutement français. On s'en tire comme on peut. Certains de nos Pères font des tournées en Bretagne, en Lozère, en Savoie, et les enfants qu'on leur confie sont éduqués à la française en Italie, en Belgique, en Espagne. Nous avons une bonne maison à Galéara, à quatre-vingts kilomètres de Bilbao. Ah! nous savons tout de même travailler pour la France ! Dans cette gare de Konia, quand nous venons saluer les autorités françaises qui passent, les Allemands ne comprennent pas.

J'ai réuni au Père Gaudens, dans ce dîner d'adieu, les deux Français de Konia, M. Ernest Noblet, le directeur de la Banque ottomane, et M. Raymond Belfoy, un de nos compatriotes, qui possède une grande propriété non loin de Konia, à Seraï-Ini.

Ces messieurs me confirment l'immense service que nos missions rendent à la cause occidentale, à la civilisation, dans tout l'Orient. Ils ne voient pas l'avenir avec sécurité dans la Turquie des Jeunes-Turcs.

Les valis sont xénophobes. C'étaient autrefois des gens repus, aujourd'hui ce sont des gens affamés. Incapacité absolue des fonctionnaires, tous personnages qui savent séduire l'étranger, très corrects, très gentils, parlant les langues, hommes du monde, mais incapables de rien réformer. Aucune loi nouvelle utile n'a été mise en application. Celle qui organise les vilayets a été votée, communiquée aux provinces, jamais mise en exécution.

Depuis quelque temps, sous prétexte d'aider l'élément musulman qui se prétend en infériorité vis-à-vis des chrétiens ottomans, parce que ceux-ci ont des installations et des capitaux, c'est une campagne d'excitation. Dans chaque mosquée, le prédicateur répète, deux, trois fois par jour : « N'achetez rien, ne faites aucune affaire avec les chrétiens, ni avec les étrangers. » Le gouvernement turc, qui semble réprouver ce boycottage, l'encourage et l'organise. Cela tend à la persécution et peut aller jusqu'aux massacres.

Les Jeunes-Turcs ont voulu se défaire d'un despotisme qui faisait trembler tous ceux dont les têtes dépassent un peu le niveau de la foule anonyme. Ils ont porté un coup au principe d'autorité sans se défaire de l'arbitraire. Les voilà à demi sortis de la légitimité sans être entrés dans la légalité. Ce sont des gens que ne comprennent pas l'idée de loi. Ils prétendent vouloir prendre la France pour modèle, mais non, ils veulent notre argent, et ne nous font aucune facilité. La xénophobie se développe avec une rapidité inquiétante.

Là-dessus, M. R. Belfoy nous donne son cas en exemple :

« Je suis venu ici, il y a cinq ans, faire un voyage d'études. J'ai vu d'immenses territoires sans moulins, car les cours d'eau y font défaut, qui sont le seul moyen d'énergie employé hors des grands centres. Les villageois avaient plusieurs jours de voyage et ensuite d'attente aux moulins à eau les plus primitifs. Je construisis dans un village central un moulin moderne à gaz pauvre (nous faisons le gaz en distillant le charbon de bois de la montagne), et l'entreprise fut très rémunératrice. Elle n'est plus pour moi aujourd'hui qu'un assez bon placement, car les gens aisés des environs ont fait construire par des spécialistes étrangers, dans un rayon de cent kilomètres, six autres moulins copiés sur le mien, si bien que la même clientèle est partagée, mais ainsi ma venue n'a pas été inutile.

« Entre temps, j'appris qu'une famille turque possédait une grande propriété, d'un seul tenant, inexploitée faute de capitaux et d'expérience. Cette terre était grevée vis-à-vis du Trésor d'une hypothèque légale de deux cent mille francs. Elle fut mise aux enchères publiques et, quoique d'une fertilité réputée, aucun acheteur ne se présenta, parce que le morceau (achat et exploitation) était trop gros. Les propriétaires obtinrent alors de Djavid bey, ministre des finances, la facilité de payer leur dette en dix annuités par échéances égales et sans intérêt. La première tranche étant comme de juste demeurée impayée, je me présentai pour l'acheter et demandai au ministre la facilité de paiement accordée aux propriétaires ou réduite à cinq ans. Elle me fut refusée. J'offris de payer comptant. Quelques xénophobes de Konia ayant émis la prétention qu'un étranger ne pouvait acheter un pareil domaine, les ministères compétents et le conseil d'État ottoman répondirent qu'aucune loi ne l'interdisait. Les autorités de Konia, responsables du déficit vis-à-vis du Trésor, me délivrèrent cent quinze titres de propriété, fort bien délimités par des bornes ou par des frontières naturelles, moyennant paiement à elles d'un peu plus de deux cent mille francs et de trois cent mille aux propriétaires. Je soldai également environ quarante mille francs de frais d'expertise, de bornage, de carte, d'avocats-conseils à Konia, à Smyrne, à Constantinople. Enfin je signai une déclaration comme quoi je ne fonderais là ni école, ni hôpital, ni colonie, ni église. En revanche, j'obtins, en plus de mes titres, un papier officiel où il était dit que je devenais bien effectivement propriétaire de cette terre, libre de toute charge, et que si quelqu'un y avait quelque prétention, comme propriétaire du tout ou d'une partie, il devait s'adresser aux tribunaux.

« Muni de tous ces documents, je commençai en 1912 mon exploitation. Je vis alors les voisins pénétrer chez moi avec des milliers de moutons et de gros bétail, y labourer et y semer. Mes gardes impuissants étaient souvent battus et blessés. Dans le cœur même de la propriété, mes charrues à vapeur étaient attaquées par les villageois dont les femmes venaient se coucher en travers des roues des locomobiles. Mes réclamations à Konia contre toutes ces violences, les procès au criminel que j'intentais contre les agresseurs connus, n'avaient jamais aucune suite, et, depuis deux ans, je n'ai vu ni un gendarme venir instrumenter, ni un procès avoir une fin.

« Mes machines cependant, après plusieurs déménagements, avaient réussi à labourer cent hectares. Les voisins sont venus y semer leur blé. Sept mois après, devant mes yeux, ils enlevaient la récolte. Je ne pus obtenir aucun semblant d'aide des autorités.

« Je m'adressai alors à l'ambassade de France, qui accepta de s'occuper de cette question, non en tant qu'affaire immobilière, ce n'était pas son droit, mais en tant qu'entrave à la liberté du travail contre un citoyen français effectivement propriétaire. Les ministères compétents reconnurent mes titres, mais se déclarèrent, à tort ou à raison, incapables de réagir. Durant les négociations du dernier emprunt cependant, il y eut un semblant de bonne volonté à mon égard, et des ordres furent expédiés à Konia de régler cette affaire administrativement. Le Vali Mehmed Husny bey ne fit absolument rien, et par son attitude passive il encourageait et excitait les villageois. Toutefois, Talaat bey proposa à l'ambassade que je citasse tous les empiéteurs devant le juge de paix. Je m'y refusai, ne voulant pas entrer dans le maquis de la procédure ; vu mes documents, cette affaire devait se régler administrativement. Enfin, sur les instances du ministre et son assurance qu'avec des jugements en ma faveur la gendarmerie agirait, j'acceptai d'attaquer mes adversaires dont aucun ne put présenter le moindre titre de propriété et je gagnai tous les procès.

« Muni de ces sentences qui renforcent mes titres et documents, je réclame depuis six mois aux autorités de Konia de les faire exécuter. La gendarmerie ne bouge pas, ni le procureur impérial, ni le Vali malgré ses promesses à notre ambassadeur, qui dernièrement était de passage à Konia. La comédie continue et fait comprendre aux paysans qu'après avoir déjà trois fois labouré, trois fois semé chez moi, ils pourront, dans cinq semaines, à la prochaine récolte, pour la troisième fois, me dépouiller tranquillement. Bien débonnaires encore seront-ils, s'ils ne viennent pas voler ou incendier mes propres ensemencements.

« En automne 1912, j'avais planté trente mille arbres d'un mètre cinquante de hauteur, voulant donner ici l'exemple du reboisement si joli et si utile. Les troupeaux envahisseurs ne m'en ont pas laissé un seul. J'en ai planté à nouveau quatorze mille en automne 1913 ; une partie est déjà mangée...

« Voilà, monsieur, les difficultés que l'on rencontre en Turquie, quand on veut y travailler, en s'entourant cependant de toutes les précautions. L'argent et la peine que l'on dépense sont compromis, parce que les autorités vénales et xénophobes veulent vous ruiner. J'ai soutenu la partie, car j'étais fortement engagé et j'avais quelques capitaux en réserve, mais, si cette année avait été sèche, je n'aurais pu continuer ; j'aurais dû abandonner, en perdant un million effectivement dépensé et cinq cent mille francs de récolte et de labourage volés ou saccagés. C'est un pays admirable ; le paysan d'Anatolie, avec un maigre labour, sans fumure aucune, récolte une moyenne de quarante-cinq hectolitres d'excellent blé à l'hectare, et moi, en dépensant un tiers de moins que lui, j'arrive à produire le double de plus, tandis qu'en France la moyenne est de vingt-deux avec de bons labours, des fumures et des soins nombreux. Mais jusqu'à ce que l'on ait réformé les rouages de l'administration turque, aussi bien que sa mentalité, je supplierai les Français de profiter de mon expérience et de celle de quelques autres, et de ne pas venir s'établir dans ce pays, où la loi existe, mais n'est jamais appliquée. »

Tout cela, ce sont des faits d'un bien vif intérêt et que je recueille avec attention, mais mon esprit retourne invinciblement aux parties obscures de Konia. Je voudrais voir les disciples de Djélal-eddin avec les lunettes du Père Gaudens. Que pense-t-il des derviches, ce religieux? Absolument rien. Ce sont des fainéants qu'il n'a jamais rencontrés sur aucun des terrains où il cherche à être utile.

— Et leur charmant grand-prêtre?

— C'est un nouveau venu. Pour être juste, on

n'en parle pas mal. Mais son prédécesseur! Ah! celui-là!

Et l'Assomptionniste, le financier, l'agriculteur, de me raconter des histoires :

Ce précédent supérieur des derviches n'était pas sérieux. Il avait une belle tête, mais quelle ignorance, quelle légèreté! Il disait : je voudrais aller à Paris, parce qu'on y trouve de jolies femmes. Il demandait si l'Allemagne était limitrophe de la France. Il aimait le vin de Champagne; la direction des chemins de fer lui en envoyait une caisse, tous les deux mois, pour entretenir ses sympathies. Quelque chose pourtant l'attristait, les mauvais procédés du Vali. Le Vali l'accablait d'humiliations. Il s'en plaignait à Constantinople, mais personne ne lui répondait. Ses lettres arrivaient-elles? Il n'osait y aller voir. Comme le rôle du Tchélébi est de ceindre l'épée au nouveau sultan, Abdul-Hamid avait déclaré : « Je ne veux pas qu'il paraisse ici; on croirait que je suis mort. » Il n'avait pas le droit de s'écarter de plus de vingt kilomètres de Konia. Comment obtint-il une autorisation? Un beau jour il déclara à son entourage : « La vie ne m'est plus possible, je fais le voyage. » Cette fois le Vali fut inquiet; il médita, il consulta, et c'est alors qu'il trouva le plus beau de ses tours. Le matin fixé pour le départ, tout Konia était à la gare. Le Tchélébi bien installé dans son compartiment saluait, saluait. Mais soudain il voit un rire universel. Le train était parti, et son wagon restait. Le Vali avait donné l'ordre de le détacher. Le pauvre Tchélébi complètement démoralisé n'essaya plus de lutter...

Je les interromps, tous les trois.

— Dieu ! que vous êtes anticléricaux ! Je vous assure que le Tchélébi actuel m'a raconté les choses les plus intéressantes.

— Voilà, dit l'Assomptionniste, monsieur Barrès est ravi : il passe l'après-midi avec le derviche et la soirée avec le missionnaire !

— C'est vrai, mon Père, je vais du Tchélébi à l'Assomptionniste et de la dervicherie au couvent ; je vois les uns animés par une vieille pensée de la Perse, et les autres par de vieilles pensees qui viennent aussi de l'Orient, mais clarifiées, sanctifiées, orchestrées, organisées par une longue tradition de chez nous. Cependant je ne vous fais pas de tort. Dans le même moment où j'aime ces derviches, mieux que jamais je vous aime, et je vois votre supériorité hors de pair. C'est d'eux que je m'occupe le plus? Parce qu'ils sont la nouveauté. Rien ne m'étonne chez vous, ni votre robe, ni votre bréviaire, ni votre vertu ; je vous ai toujours vus ; c'est vous qui avez façonné les miens d'âge en âge ; vous faites partie intégrante de mon patrimoine intellectuel et moral. Si je leur accorde, à ces étrangers, plus de curiosité qu'à vous, c'est que je suis votre frère. Même chez eux, votre pensée veille en moi, si présente, si agissante que je n'ai pas besoin de me la formuler. C'est encore cette pensée, dont, vous-même, vous ne réalisez peut-être pas assez la richesse, dont vous ne connaissez pas les dernières racines, qui m'a poussé là-bas, ne m'éloignant de vous en apparence que pour m'aider à mieux vous rejoindre. Si vous n'aviez pétri de religion tous ceux de ma race, moi, occupé de curiosités plus basses, j'aurais passé moins de temps chez le Tchélébi.

« Ah! j'entends, je vois sur vos lèvres l'accusation de dilettantisme. Les dilettantes, ne vous hâtez pas de vous défaire d'eux! Ce dilettantisme, c'est la mèche qui brûle encore. Il ne faut pas que vous souhaitiez de mettre le pied dessus. N'allez pas préférer Voltaire à Chateaubriand. Soyez rassuré et apaisé, bon Père, et songez aux raisons particulières de mon voyage. Si je n'étais pas homme à m'intéresser aux derviches, peut-être entrerais-je moins aisément dans les sentiments qui conviennent aux défenseurs des Assomptionnistes. Il ne s'agit pas d'identifier des êtres profondément différents. Des religieux de France représentent autre chose que des derviches d'Asie, mais enfin, à l'heure où je me prépare à soutenir leur défense devant la Chambre, comment ne serais-je pas frappé de l'importance que tout l'Orient accorde à ses propres congrégations? Je pars d'une même curiosité; on me montre deux institutions qui se ressemblent; pour mesurer l'excellence exacte de l'une, ne convient-il pas que je pénètre aussi profondément que possible les secrets de l'autre? Et jamais mieux qu'ici je n'ai su pourquoi je préfère à ces danseurs du tombeau ces rudes lutteurs, qui sont en même temps de tendres meneurs d'enfants.

« Veuillez donc me pardonner, mon Père, un peu d'exaltation romantique que m'inspire le Tchélébi, puisque fatalement cette exaltation se tournera à magnifier avec plus de compétence nos grands ordres chrétiens et latins. »

KONIA ET L'ASSOMPTIONNISTE M'OBLIGENT A PHILOSOPHER

Et puis j'amasse ici des expériences décisives, qui réveillent en moi les plus vieilles, les plus belles questions, et qui peut-être m'aideront à les éclairer. Tout ce que je vois est chargé de sens : cette danse des derviches n'est pas un simple accident, un pur caprice ; elle répète, à sa façon, d'autres transports. Si elle me ramène à l'origine même de tout sentiment religieux, elle me rappelle aussi l'inspiration des poètes. Religion, inspiration, d'où viennent ces divines choses? Y aurait-il des moyens artificiels pour nous élever jusqu'à elles? (17) Des moyens encore de fixer ces minutes sublimes, dans une œuvre ou dans une vie? Vingt points de vue se présentent à moi :

I. — Le fait mystique, dans son essence, est le même à toutes les époques, sous les climats les plus divers. Un même esprit fluide et brillant court à travers les âges. L'étincelle repose au sein de tous les êtres, prête à jaillir sous un choc. Nul qui ne puisse avoir son moment. Les circonstances les plus diverses dégagent en nous cette électricité ; et le plus positif des êtres, dans une minute heureuse, sera remué, labouré, jusque dans ses profondeurs.

II. — Il est fatal que celui qui a joui une fois de l'ivresse mystique et de cette abondance de forces veuille les retrouver, cherche à refaire les étapes de son ascension, à les ménager à ses frères.

De là tout un mécanisme, toute une méthode d'initiation.

Djélal-eddin recommandait la diète et l'inanition. Il avait coutume de célébrer « le vide du ventre ». « Le jeûne, disait-il, est la pioche des sources de la sagesse. Dans le for intérieur des prophètes et des saints, les sources de la sagesse se sont mises à bouillonner par suite de l'influence de la faim et du jeûne. Il n'y a rien qui fasse mieux parvenir l'ascète au but qu'il se propose que le jeûne pris pour monture. »

Il disait encore : « L'amour augmente par la musique et diminue par le plaisir, car celui qui s'adonne au plaisir, c'est comme s'il coupait les plumes de ses ailes, comme s'il brisait les marches de l'escalier qui conduit au ciel. »

La danse est un des innombrables moyens matériels de l'extase... (C'est un fait d'observation qu'elle accompagne naturellement les hauts états d'enthousiasme. A vingt-deux ans, au lendemain de son premier succès, le jeune Disraëli ressentit une telle excitation nerveuse, il était si fort ébranlé par le désir du pouvoir et de la gloire qu'il croyait percevoir le mouvement de rotation de la terre. Est-ce assez cosmique? Il se figurait aller à l'encontre du mouvement de la terre, comme celui qui remonterait un tapis roulant.)

Le procédé mécanique est de l'essence de toute religion. On n'imagine pas une religion purement idéale et spirituelle. Il faut toujours des signes, des secours sensibles. Où cela s'arrêterait-il?

Dans le fait, aujourd'hui, chez nous, c'est la pratique morale qui semble devenue l'essentiel de l'activité religieuse. Mais si vous voulez une religion, il faut en conserver le noyau primitif, en entretenir le ferment. L'Église l'a bien compris. Elle a gardé, en les épurant, les procédés, toujours plus ou moins grossiers, dangereux souvent, de la mystique instinctive. Ses chefs n'ont pas cessé de spiritualiser ce mysticisme éternel. Ils captent la source et la canalisent, avant qu'elle devienne le torrent boueux. Ils imposent à l'élan mystique le contrôle rigoureux des règles morales, se refusant à encourager une extase stérile qui ne deviendrait pas un moyen de perfection. De la dansante flamme, vouée à s'éteindre si elle ne se nourrit que d'elle-même, la vive et sobre discipline des sacrements forme une lumière et un foyer.

III. — De même qu'on peut susciter les états mystiques, on peut les ménager, les prolonger, et, une fois la crise passée, en assurer le bénéfice à soi-même, voire à ses disciples.

Cette électricité du ciel, on peut l'accumuler dans un poème, dans une musique, dans un tableau, dans une cathédrale. Un moment d'union à l'esprit qui vivifie le monde va pour jamais nous charger de force. Resserré dans un chef-d'œuvre, l'enthousiasme d'un beau génie se dilatera indéfiniment dans les âmes. La fontaine a jailli si fort qu'elle ne cessera plus dès lors d'abreuver.

Pour perpétuer le mouvement d'une grande âme, nous avons encore les congrégations. Chacune d'elles enregistre et transmet à travers les siècles le fluide particulier de son fondateur.

Ce Père Gaudens n'est peut-être pas un mystique

lui-même, mais à l'origine de son activité de missionnaire il y a l'inspiration du Père d'Alzon. Et tous ces religieux que j'ai vus, au long de ma route d'Asie, vivent d'un élan qui leur a été transmis ; ils continuent l'exaltation qui leur a été communiquée par les Vincent de Paul, les Loyola, les Jean-Baptiste de La Salle. De pauvres gens, auprès de tels chefs ! Peut-être, mais c'est la même flamme. Ils l'ont trouvée dans leur règle. Ces paysans de la Savoie, de la Lozère, de la Bretagne, ne pourraient pas demeurer dans ce dur Orient, s'ils ne se rafraîchissaient dans l'émotion de leurs premiers vœux. Ils gardent pour se soutenir la mémoire des minutes premières de leur vocation. Ils vivent, ils surmontent la routine, en maintenant le contact avec la pensée, le sentiment, l'influx de leur fondateur.

Quand j'ai vu les Assomptionnistes, les Capucins, les Lazaristes, nos religieux de tous ordres, soigner des enfants qui ne leur sont de rien, d'une telle manière qu'il était sensible qu'ils les tenaient pour des fils de roi, à cause de leurs petites âmes nées du ciel, j'ai reconnu qu'ils les regardaient avec le regard de l'Église.

IV. — Bon Père, qui me faites un léger reproche de ma curiosité sympathique pour le Tchélébi, croyez-vous que je ne voie pas que cette impulsion du Père d'Alzon est toute vers le renoncement, le sacrifice, l'amour actif, tandis que ces derviches, sous l'influence de Djélal-eddin et de la flûte charmante, dansent, dansent, et puis c'est fini !

O Tchélébi ! le danser vous restitue une part de

l'enthousiasme qui animait Djélal-eddin et Chems-eddin, vos maîtres ; elle vous rapproche de l'Ami ; mais que faites-vous de cette minute de grâce? Et pour quelle tâche vous enflamme ce feu sacré?

C'est le grand problème ! L'étincelle mystique et son emploi, l'enthousiasme sacré et son application, c'est le problème de fond dans toute l'histoire de l'humanité et, aujourd'hui encore, dans les rapports de l'Occident et de l'Orient.

Quand ils s'élançaient, les derviches, avec leurs bonnets couleur de miel sur la tête, ils portaient l'infini en puissance. Qu'est-ce qu'ils en ont réalisé? Chems-eddin se met en marche pour trouver son maître, sa voie et pour faire son salut. Djélal-eddin exhale son émoi en le rythmant ; il se met en poèmes, et par là se discipline, se soumet à une contrainte. Beaucoup qui viennent d'assister au concert se trouvent, au réveil de leurs facultés que l'extase avait assoupies, plus graves, stimulés, enflammés. Le manteau des maîtres est tombé sur eux... Ainsi je ne diminue rien de l'éclat, de l'élan, de la poésie, voire de la magnanimité que l'on observe chez les doux derviches Meslévis, et, si l'on veut, j'avouerai que j'ai trop négligé de mettre l'accent sur leur esprit de conciliation bienveillante (18). Mais dans quelle mesure tout cela fait-il une nourriture pour l'âme?

V. — Pour moi, qui me représente les poètes comme les messagers du monde de l'enthousiasme, de la lumière et de la joie, aucune des biographies de ces hommes du ciel ne peut être comparée à celle de Djélal-eddin. Depuis que j'ai vu sa congrégation danser et chanter sur ses rythmes, je trouve quelque chose d'incomplet au destin d'un Dante, d'un Shakespeare, d'un Gœthe, d'un Hugo. Il n'y a rien de plus éclatant et de plus haut que le dialogue de ce prince-abbé de Konia avec son illuminateur Chems-eddin, et que la manière dont il surmonte sa douleur en lui ménageant une expansion indéfinie dans les concerts spirituels à travers les siècles. Mais où en va l'efficace?

Odeur fade de tous ces turbés. Comme ils sentent le moisi, le désœuvrement, la pensée stagnante! Rien ne peut demeurer immobile. La meilleure minute, la plus brûlante, la plus pure, si elle se fixait, si le temps s'arrêtait, épanouirait aussitôt ses puissances de pourriture.

A Afaka, au Kaf, chez les Bacchantes, chez les Hashâshins, j'ai vu la décomposition ; à Konia, un mécanisme inopérant. Mysticisme sans charité, c'est le plus grand des dangers. Une espèce de fakirisme doit en résulter.

VI. — Ainsi le choc mystique produit selon la richesse de celui qui le subit. Nul ne reçoit que selon sa nature. Les matériaux spirituels amassés dans les dervicheries pour recevoir l'étincelle sont trop pauvres. Quelle différence selon que l'expérience mystique est utilisée par le paganisme, par l'Islam ou par l'Évangile, les Pères et l'Église! Nos mystiques chrétiens sont tellement pénétrés de la morale chrétienne qu'infailliblement, prenant pour modèle le Maître du sacrifice, ils ont une fécondité que n'atteignent jamais les derviches ni les soufis, qui, traduisant leur petite expérience sur une petite religion très pauvre, ont tôt fait de la dissiper et de la dissoudre dans cette danse. Et pourtant la prudente Église ne goûte guère ces moyens que possède l'Orient pour disposer de l'inspiration imprévue, pour la rendre vingt fois plus intense. De ces moyens, elle garde peu de chose, et encore ce peu, dans sa pensée, ne tend pas à l'entraînement mystique. Cette sorte de sommation à l'esprit qui tarde à venir, cette manière de fouetter les nerfs, de les exaspérer, lui inspirent une grande méfiance ; elle ne les permet qu'à des doses homœopathiques... Ici nous touchons à l'histoire des rapports de l'Église avec les mystiques, le plus beau chapitre peut-être de l'histoire comparée de l'Occident et de l'Orient...

Gloire à nos races d'Occident, à leur grande tradition religieuse et historique !

V

DANS LE TEMPLE DE LA SAGESSE DIVINE

Au début de juillet, j'étais à Constantinople. O splendeur ! Quand je suis gorgé du butin et des fatigues de ma route, voici le Bosphore, Sainte-Sophie, les deux rivages d'Asie et d'Europe ! Je ne vais pas me plonger dans cette mer de beautés et de tragédies, dans ces paysages, les plus profonds qu'il y ait au monde, et dans cette épaisseur d'histoire. Cette couleur grave du ciel, des collines, de la mer et des eaux, ce grand caractère immobile, cette magnificence du détroit, ce bleu sombre des flots resserrés entre des côtes boisées et semées de palais, de masures brillantes, de villages innocents (ou qui cachent leur cruauté), d'ombrages et de tombes, je n'y toucherai pas. Que tout cela, cette grâce sérieuse et presque funéraire, demeure comme une réserve d'angoisses et de plaisirs !

C'est une haute fortune pourtant que Sainte-Sophie marque la dernière étape de mon voyage. Je ne sais comment exprimer le sentiment majestueux de la douleur universelle que l'on respire en pénétrant dans cette haute maison. Les chrétiens ne l'avaient pas dédiée à une sainte, comme son nom le laisserait croire, mais à la Sagesse divine.

Agia Sophia, la sainte Sagesse ! Le grand art de la Grèce s'y fait encore sentir. « Quand le Christ est entré ici, Jupiter venait d'en sortir », a dit magnifiquement Théophile Gautier. Et aujourd'hui, Allah ! C'est la maison mère du divin occidental-oriental.

Et quel enseignement ! Rien n'a réparé le désastre. Voilà encore les traces du sang et les entailles du glaive. Au lendemain de 1453, la végétation n'a pas repris. L'hellénisme s'est arrêté net. Une jeune fille française voulait bien me guider dans cette maison de la mort, où elle allait vivement, comme une image de l'espérance. Elle me montra, dès l'entrée, sur la porte de bronze, l'empreinte de la croix. Les mosaïques byzantines, me disait-elle, subsistent intactes, sous une couche de badigeon, et attendent leur délivrance. Et même elle me fit distinguer, au fond du sanctuaire, les lignes d'une figure colossale, l'*Agia Sophia*, patronne de la basilique, qui préside sous ce voile de chaux aux cérémonies du culte musulman. Ah ! le parfait symbole ! De quelle lumière soudain mon enquête s'éclaire !

Je viens de me promener parmi des peuples qui, dépouillés et piétinés depuis des siècles, et leurs figures noyées sous les sables venus du désert, continuent à se reproduire sur l'emplacement de leurs cités débaptisées. Je n'y avais pour programme que de visiter les maisons d'enseignement et de charité ouvertes par nos missionnaires sur cette terre des morts, en respirant les parfums qui embaument ses sépulcres. Mais voici que partout les pierres de ces sépulcres étaient à demi soulevées, et que j'ai cru voir des influences d'Europe en train de dégager et de nourrir ces âmes obscurcies. Partout, dans ces pays du Levant, c'est un réveil des nationalités qui réclament leur place au grand jour. Les vieilles races indigènes se font reconnaître. La mosaïque byzantine réapparaît sous le badigeon unitif que les conquérants avaient cru lui imposer à jamais. Est-il interdit d'espérer que ces résurrections nous avanceront dans la plus haute connaissance? Sur cette terre d'Asie, je distingue bien autre chose que la source originaire de mes plaisirs de Venise, de Grenade et du Caire ; j'y pressens un trésor de richesses spirituelles. Je crois retrouver avec vénération la figure voilée de l'*Agia Sophia*.

Le cœur déchiré de jalousie, les Turcs assistent à ce réveil de leurs captives au milieu des convoitises de tous les peuples.

Indéfiniment, j'ai causé avec l'un d'eux, que j'aime beaucoup et qui justifie ce que disait Bismarck que « le Turc est le gentilhomme de l'Orient ». Nul mieux que mon ami ne convenait, par sa haute culture et sa situation, pour que je prisse une idée de l'état d'esprit des patriotes et des dirigeants de l'Empire (19). Je me rappelle tous les détails de cette journée, sous un voile de tristesse qu'alors, en juillet 1914, je ne savais pas nommer, et que je reconnais maintenant comme un pressentiment de la guerre imminente.

Le matin, mon ami est venu me chercher :

— Vous êtes mon prisonnier pour la journée, me dit-il.

Nous allons au bazar, chez divers marchands, puis dans le jardin sous le vieux sérail. Pourquoi dans le premier moment sommes-nous gênés? Je pouvais bien prévoir ses questions. « Êtes-vous content de votre voyage? Quel effet vous a fait la Syrie? Ai-je eu raison de vous presser de voir l'Anatolie? » Nous sentons l'un et l'autre qu'il ne s'agit pas d'art, ni de pittoresque. Je cause avec un patriote turc et qui sait que mon point de vue est d'un patriote français.

— Nous étions tenus au courant de votre voyage, me dit-il, au jour le jour, par les valis (20).

En face de nous, se dresse la haute gare allemande. Le vaisseau amiral anglais, d'où s'élève une puissante musique, entre au milieu d'un calme solennel lentement dans le port.

Mon ami me dit ce qu'il pense de nos congrégations :

— Où elles s'installent, les sentiments de respect et la notion de liberté se développent. Nous le reconnaissons. À travers toutes nos guerres, aucun de vos religieux n'a jamais été molesté; cela fait leur éloge et le nôtre. Mais quand on a des privilèges, on tend à vouloir encore les accroître... Nous leur savons gré de ne pas chercher à convertir les Musulmans; ils savent que c'est impossible; mais à cause de cette impossibilité ils préfèrent les Grecs, les Arméniens, les Syriens. Voici notre reproche : ils ont le tort de se désintéresser des enfants turcs parce qu'on ne peut pas les convertir.

— Comment pouvez-vous croire cela? C'est trop injuste et inexact.

— Je sais, vous avez maintenant quelques-uns de nos enfants dans vos collèges. Mais d'une manière générale nous reprochons à vos missionnaires de faire progresser les populations chrétiennes plutôt que les musu manes. Vous favorisez et développez dans l'Empire les éléments inférieurs.

Je passe cent propos qui aujourd'hui ont épuisé leur intérêt, pour retenir encore cette plainte :

— Pourquoi l'effort français semble-t-il se systématiser sur la Syrie, comme si vous entreteniez là des visées politiques particulières? C'est dans tout l'Empire que vous avez des intérêts matériels et moraux, et vous pourriez encore les développer ; pourquoi laissez-vous la place aux Allemands, aux Américains, aux Italiens?

— Les Français désirent l'intégrité de l'Empire ottoman et souhaitent vous apporter ce qui vous est utile d'esprit occidental, en même temps qu'ils sont curieux de prélever chez vous des parcelles d'esprit oriental. Ainsi moi, j'aime à me figurer que vous possédez encore quelque chose des vieilles recettes mystérieuses qui permettent de rendre l'inspiration plus intense, l'art de contraindre l'Esprit qui tarde à venir, bref, les secrets de l'entraînement mystique...

— Nous pourrions faire de beaux échanges. Je ne vous suis pas suspect ; je suis l'élève de vos collèges, et vous savez tout ce que mon esprit reçoit journellement de la France ; laissez-moi vous le demander : pourquoi nous envoyez-vous des hommes inférieurs? Le Kaiser, pour composer la mission allemande, a choisi dans une liste de deux cents officiers les quarante meilleurs.

— Nous avons beaucoup de monde en Indo-Chine, à Madagascar, au Maroc ; c'est pourquoi nous ne sommes pas plus nombreux chez vous.

Mais ce qu'il y a d'esprit français dans la culture de la Turquie prouve assez que vous appréciez notre apport ! Je crois qu'en imaginant une supériorité allemande, qui n'existe pas, vous cédez au prestige de Sedan (21).

Nous allons au Selamlik. Tasse de café dans un des pavillons d'Yldiz Kiosk. Aimable message du Sultan. Je cause avec Djemal, avec Djavid. Le programme des Jeunes-Turcs, je crois bien le distinguer, c'est essentiellement de mettre en valeur les richesses de l'Empire pour avoir les ressources nécessaires à une transformation. Mais rien, ni personne, ici, ne respire la sécurité.

— Nous n'avons jamais eu une minute de repos, me dit mon ami. Depuis que je vis, toujours quelque chose. Mon père est mort à la guerre contre les Grecs, mon grand-père encore du fait des Grecs, et deux cousins dans la dernière guerre ; et demain ce sera la Russie en Arménie, l'Angleterre sur l'Euphrate et en Mésopotamie, et l'on essayera de se servir du nom de la France en Syrie.

Vous entendez la plainte sourde, l'inquiétude vague et constante... Ce pressentiment indéterminé ne cessa de se trahir tout le jour, tandis que nous errions sur le Bosphore, jusqu'aux forteresses de la Mer-Noire, et puis le long de la côte d'Asie. Cette angoisse harmonisée avec cette mer si froide, épanouie dans ce ciel grandiose, recevait de tant de beautés une sorte de musicalité déchirante. Bien des villes et des rivages émeuvent nos désirs et semblent contenir un secret sacré, mais si peuplés d'incantation, je n'en connais pas. Jadis j'ai voulu dégager les chants qui dorment dans Venise et

Tolède. D'un bond je me retourne vers ces amours dépassées et les précipite à la mer. Les instants les plus romanesques de ma vie, aujourd'hui me semblent mesquins. Rien ne vaut, de par le monde, cette double rive somptueuse, mélange d'héroïsme et de mélancolie, crépuscule d'une civilisation qui voit descendre la nuit barbare, magie toute chargée d'une multitude de détails tragiques et familiers. Mon ami m'a montré le palais d'Abdul-Hamid : une petite berge où circulent des factionnaires ; des cuisines remplies de soldats ; et lui-même, qui se tient à une fenêtre et regarde glisser les barques. Il n'est pas plus prisonnier qu'à Yldiz-Kiosk et il est enfin tranquille ! Il aime à dire du gouvernement actuel : « Ce sont mes idées, ce furent toujours mes idées. J'attendais la circonstance favorable pour les faire triompher. » A côté de son palais, la demeure d'un Français qui s'est fait musulman pour épouser trois femmes. O joyeuse simplicité, maison pleine de fantaisie ! Mais vais-je dénombrer les rêves du Bosphore et chercher des motifs distincts dans cette reine des polyphonies? Nous glissions entre l'Europe et l'Asie, à la lisière de deux mondes, au milieu des palais, des cabanes coloriées, des minarets légers, des cyprès et des tombes battues par le flot, tout plongés dans un enchantement de beautés fragiles, d'ombrages, d'azur et de mystère. Au soir, à l'heure où de grandes ombres étendent leur sérénité sur le vif argent de la mer, quand nous revînmes à la ville qui silhouettait sur le ciel nocturne ses dômes, ses murailles, ses tours, ses maisons entrecoupées de jardins, il me dit avec une voix que l'émotion faisait trembler :

— Avouez que les Bulgares n'étaient pas dignes d'entrer ici. Ah ! ce canon de Tchatalda, comme je l'entendais ! C'était autre chose que le siège de Paris. Une civilisation en péril de mort ! Ceux que nous traitons comme des palefreniers voulaient mettre la main sur ces splendeurs et sur nous. Plutôt l'écroulement du monde. Je me suis senti alors une âme d'anarchiste (22).

Un vaste sentiment de grandeur et de tristesse, partout, à Constantinople, flotte sur la mer et s'exhale du sol. Chacun le nomme selon son cœur. Pour moi, ces cyprès immobiles et noirs, ce sont les dieux de la Grèce et de Rome qui, sans prétendre revivre, réclament qu'on emploie leur substance. J'aime mieux l'hellénisme, à mesure que j'éprouve la difficulté de saisir l'Orient et de boire entre les cailloux de son lit de rivière desséchée. Ma bonne volonté d'admirer, déçue par le désert, se ranime sur ces grands vestiges. Si j'étais un fils du Prophète, sans doute je voudrais étouffer leur plainte, mais je n'appartiens pas à l'Islam, et cet appel des civilisations ensevelies me bouleverse.

*

Cependant, fidèle à mon programme, j'ai visité le lycée impérial ottoman de Galata-Seraï, le lycée de jeunes filles de Mme Devaux, les Dames de Sion à Pancaldi, l'école laïque à Chichli, les Frères Maristes de Scutari, les Assomptionnistes de Haïdar Pacha, les Frères des écoles chrétiennes à Kadi Keuy, le collège Saint-Benoît des Lazaristes où j'ai assisté à une représentation des *Érinnyes* de Leconte de Lisle. Enfin j'ai causé longuement avec le Père Lobry.

Nul, ayant pour si peu approché des choses d'Orient, qui ne connaisse ce grand Français. Il a le génie de l'organisation. Sous son impulsion, que d'établissements ont été créés ! Il a développé Saint-Benoît de Constantinople, fondé Sainte-Pulchérie et Beleck, organisé la mission de Macédoine, multiplié les écoles à Monastir et à Cavalla, appelé en Turquie les Frères Maristes qui, n'étant pas prêtres, se trouvent un peu sous l'autorité de ses Lazaristes. Et comme il use sagement de son expérience ! C'est le Nestor de toutes les délibérations où s'agitent ici les intérêts français. Il me disait :

— Un religieux coûte quatre cents francs par an (23). Une robe dure quinze mois ; une paire de souliers, un an. Et c'est tout de même une belle vie. Calculez si la France peut trouver mieux...

« Vous voulez du laïcisme pour atteindre plus sûrement les Musulmans? Dirigez votre effort sur le lycée impérial ottoman de Galata-Seraï, qu'a organisé en 1868 Victor Duruy, et d'où sont sortis les quelques fonctionnaires et diplomates de la Turquie....

« Il y a soixante ans, l'Italie régnait ici. Nous nous sommes substitués à elle. Est-il exact de dire que, dans son effort pour regagner du terrain, elle soit soutenue, poussée par le Vatican? Écoutez cette haute parole authentique : « Rien ne peut nous faire oublier ni à aucun de nos successeurs ce que la France a fait et ce qu'elle fera pour l'Église. Tout ce que vous perdrez par la faute de vos agents restera perdu, mais nous ne ferons rien pour favoriser qui que ce soit contre la France. » C'est terrible. Il faut s'entendre avec le Vatican...

« Prenez en note que les Allemands cherchent à utiliser les clergés orientaux, et, à cet effet, feraient volontiers des sacrifices...

Ainsi parlait le Père Lobry, et il me citait avec satisfaction un mot de Constans, l'ancien ministre, qui acheva sa carrière comme ambassadeur de France à Constantinople : « Voilà cinquante-quatre ans que je suis maçon, mais je serais un fou de m'en souvenir ici. »

C'est quelque chose qui me frappe, la sympathie de ce vieux religieux pour ce vieux cynique. Une sympathie que j'ai retrouvée chez beaucoup de missionnaires de la grande espèce. Comment l'expliquer? C'est que ces religieux sont sensibles au réalisme d'un Constans et à son bon sens. Ils ont en commun avec lui le mépris de la nature humaine... Qu'ai-je dit là? C'est écrire trop vite et trop grossièrement. Je n'ai pas le droit de penser cela, moi, qui ai vu nos missionnaires se mettre au service des petits Orientaux et, en considération de leurs âmes, les traiter comme des fils de rois. Ces nobles prêtres ne méprisent pas la nature humaine, mais enfin ils la connaissent, tout comme le vieux Constans.

Que la dernière image de notre enquête nous ramène où la supériorité de l'Occident est invincible, auprès des petites Sœurs des pauvres et de leur joie paisible. Elles vivent en allant tout le jour, à travers la ville, solliciter pour leurs vieillards.

— Les bons Turcs ! me disent-elles. Quand nous quêtons d'un côté de la rue, ils préparent leur argent de l'autre côté.

Pour rapporter les cadeaux qu'on leur fait en nature, elles circulent en compagnie d'un cheval, auprès de qui elles vont à pied. L'autre jour, elles sont arrivées à l'ambassade de France.

— Monsieur l'Ambassadeur, un malheur! notre cheval est mort.

— Et moi, ma Sœur, il m'a été fait une restitution. Je dispose d'une mule.

— Une mule! Juste ciel! La mule est moins dépensière que le cheval.

— Je vous la donne.

— Ah! Dieu est bon, monsieur l'Ambassadeur.

— Mais, ma Sœur, moi aussi!

Et de rire.

Tandis que nous visitons leurs salles, elles me disent :

— La plaie, c'est les mouches. Les vieillards attirent les mouches...

La paix, la lumière qui baignent leur visage, tandis que moi, indigne, je fais effort pour surmonter ma répugnance, me rappellent ce que disait à leurs premières fondatrices une demoiselle qui les avait accompagnées dans leur visite aux prisonniers, aux malades et aux enfants : « On voit bien que vous êtes à la joie de votre cœur parmi eux. Vous paraissez deux fois plus belles en leur parlant. » C'est ce que je pense, sans me permettre de le dire, tandis que la petite Sœur de chez nous chasse les mouches de dessus les vieux Orientaux.

Nous sommes redescendus par le jardin dont les allées sont faites d'un affreux gravat de démolition. Ah! ce n'est pas un lieu de volupté, un rendez-vous de rossignols, mais il y a des planches de légumes.

— En France, me dit avec simplicité la Sœur, les vieillards peuvent aider. Ils travaillent au jardin, ils se rendent utiles dans la maison, mais ici ils sont plus faibles.

— Mais vous aussi, ma Sœur, vous êtes faible.

— Et puis, ils ne savent pas. Même nos Européens ici ne savent pas. Ainsi parmi nos vieillards nous avons un ancien consul.

— Un ancien consul ! Est-ce possible?

Elle se trouble, craint qu'un consul à l'asile, cela ne blesse un homme qui tient au Gouvernement.

— Je me trompe peut-être, murmure-t-elle.

Au sortir de leur maison, j'ai croisé deux d'entre elles qui rentraient à pied. Je ne puis pas rencontrer leur regard pour les saluer. Elles sont trop humbles et trop exténuées. Saintes filles de la France et de Dieu, extrémité de la générosité humaine, vous passez en mystère tous les cultes de l'Orient, et en beauté la splendeur du soleil que, ce dernier soir, je regarde descendre sur l'Asie.

J'étais l'hôte à Thérapia de notre ambassadeur, M. Bompard (24), et après avoir pris conseil de sa haute expérience, qui approuva sans restriction mon projet, un matin, je soumis aux Français de Constantinople une pétition que je voulais répandre dans tout l'Orient. Cette assemblée se tint au siège de *l'Union française* que présidait M. Alexis Rey ; l'ambassadeur me faisait l'honneur de m'y accompagner. Je proposai à nos compatriotes le texte que voici, où mes lecteurs reconnaîtront un dessein qu'ils ont vu se former étape par étape, et qui me paraissait la moralité pratique la plus immédiate de cette longue enquête :

Les congrégations enseignantes françaises rendent à la propagation de la langue française des services dont nous tous, Français, qui résidons en Orient ou bien y possédons des intérêts, nous sommes les bénéficiaires en même temps que les témoins. Leurs écoles, payantes pour les riches ou gratuites pour les pauvres, primaires, secondaires, supérieures et aussi pratiques et professionnelles, sont répandues à travers tous les pays situés au delà du Danube (Etats balkaniques, Empire ottoman, Egypte). Elles y vivent sur des points où les œuvres laïques ne songent pas à s'installer, et dans des conditions de bon marché que celles-ci ne sauraient égaler. Grâce à elles, cent mille enfants de toutes les classes et de toutes les nationalités apprennent à parler notre langue. C'est un grand service moral et économique que nous rendent là les congrégations enseignantes. Elles assurent le prestige de notre esprit, créent une clientèle à notre industrie et fournissent des collaborateurs à nos entreprises.

A côté de ces écoles, des dispensaires, des hôpitaux, des asiles pour les vieillards et pour les infirmes, des crèches pour les enfants abandonnés et les orphelins, contribuent puissamment à inspirer des sentiments d'amitié et d'admiration à l'égard de notre patrie.

Or, voici qu'un grand danger menace ces maisons d'enseignement et d'assistance. Elles sont quasi dans l'impossibilité de recruter désormais un personnel en France. Le législateur de 1901 n'avait pas voulu cette conséquence, mais le fait est là, chaque jour plus menaçant. Dans nos maisons d'Orient, les plus utiles et les plus florissantes, on voit le personnel français vieillir sans être remplacé et s'acheminer rapidement vers la disparition.

Est-ce à dire que ces maisons vont mourir? Non pas. Un grand nombre survivront, mais, créées avec l'argent de la France, et par l'effort de nos compatriotes, pour l'honneur et le profit de notre patrie, elles cesseront d'être françaises. Là où battait le cœur de la France, où flottait le drapeau tricolore, d'autres que nous, nos rivaux peut-être, s'installeront et travailleront pour eux-mêmes avec les instruments que nous avons forgés.

Parmi nos compatriotes est-il quelqu'un qui veuille accepter ce désastre?

Nous nous sommes réunis, tous Français résidant au delà du Danube, de toutes religions et de tous partis politiques, sans préoccupation confessionnelle, sans intention de polémique, pour exposer la situation au Gouvernement et au Parlement. D'accord avec les représentants de la France en Orient, nous demandons à MM. les Sénateurs et à MM. les Députés d'autoriser du point de vue national, en vue des œuvres scolaires et hospitalières d'Orient, le recrutement et la formation en France de ces propagateurs de notre langue et de notre influence, et de ne pas nous désarmer dans la lutte des nations.

Je puis dire que des approbations unanimes accueillirent ce texte et m'encouragèrent. « Il s'agit là d'une œuvre nationale et patriotique, conclut le président de *l'Union française;* il est du devoir de tous d'aider M. Barrès à l'accomplir » (25).

Peu de jours après, j'étais à Paris.

VI

MES CONCLUSIONS

Aussitôt rentré, en dépit des événements qui s'amassaient sur l'horizon avec une rapidité tragique, je me préoccupai de trouver des appuis à la Chambre et dans l'opinion.

Un banquet qui me fut offert par le *Comité de l'Orient*, sous la présidence de Louis Barthou, assisté d'Albert de Mun, réunissait le plus grand nombre des hommes qui, en France, s'intéressent aux questions d'Asie, et parmi eux beaucoup de politiques. Louis Barthou déclara : « Je ne crois pas qu'il se trouvera un homme d'esprit assez bas pour faire intervenir ici nos querelles et ne pas voir qu'en sacrifiant l'avenir de ces œuvres, admirables pour le résultat qu'elles obtiennent, c'est la défense même de l'expansion française qui sera compromise. Ce que Barrès nous demande de faire, c'est une œuvre de défense nationale. Quelles que soient nos opinions, quels que soient nos partis pris, nous devons l'y aider » (26).

De telles paroles, un tel auditoire, m'ouvraient toutes les espérances. A la Chambre, j'abordai Jaurès.

Depuis vingt ans nous nous connaissions, et à

de longs intervalles il nous arrivait d'échanger des idées. Je n'étais pas de ses amis, mais que d'après-midi j'ai passés à le regarder dans ses grands exercices de la tribune, au milieu d'une assemblée au grand complet fascinée ! C'était vraiment le monstre oratoire, prédestiné animalement pour la parole. J'aimais la belle manière puissante dont il construisait une leçon, dont il débrouillait une question. C'était un grand normalien, trouvant parfois de fort belles images. Fâcheux qu'il y eût trop de physique dans son activité spirituelle. Eh ! quoi, me disais-je, faut-il ainsi se mettre en nage pour penser? Et soudain, la figure congestionnée, le cou et la poitrine tendus à se rompre, les bras courts, le voici qui s'élance hors du plan rationnel, loin des réalités, dans le monde indéterminé de la musique et des espérances. C'est alors qu'il était lui-même ! C'est alors qu'il me plaisait supérieurement ! Il délirait. Dans ces minutes de sa parfaite réussite, il relevait du cycle des curiosités que j'ai été satisfaire en Orient. Il m'attirait un peu de la même manière que les bacchantes du Liban et les derviches tourneurs de Konia ; comme le Vieux de la Montagne, il ouvrait à ses séides les Jardins d'Alamout ; et derrière lui, c'était une contagion, quelque chose comme la fameuse procession dansante d'Echternach.

Quand Jaurès était descendu de son trépied et sorti de l'océan des mots, et qu'épongé, apaisé, il avait repris pied dans les couloirs, il apparaissait honnête homme, fort courtois, et d'un esprit très fin, un peu gêné par l'excès de sa force, et toujours prêt à passer de la conversation à la harangue, mais gardant de ses extases une espèce de magnanimité qui le tenait au-dessus des mesquineries de la polémique. Elles comptent peu les objections de quelques individus aux yeux d'une intelligence cosmique, associée au rythme de l'univers! A peine si les flèches les plus aiguës peuvent un instant faire frissonner le cuir de l'Éléphant sacré qui supporte les Mondes.

Jaurès m'intéressait comme le lieu d'un grand phénomène. Sous son rôle de tribun, je lui voyais les mœurs et le tour d'esprit de nos grands universitaires. Là-dessous, apparaissait une nature de paysan latin, très fin et même rusé. Et plus profondément encore, c'était une puissante bête terrienne, un gros mangeur apoplectique. Qu'un personnage si clair, si normal, pût entrer en transe, c'était à mes yeux la merveille. Que de moines de cette sorte a dû compter l'histoire de l'Église! Je cherchais à distinguer son mécanisme psychique, les attaches de son être quotidien et de son génie dionysiaque; j'aurais payé cher pour voir les conditions du jaillissement de l'étincelle qui le mettait en flammes.

Ce que nous avons dit à Konia, que l'étincelle vaut selon les matériaux qu'elle trouve amassés dans un esprit se vérifie dans cet homme extraordinaire. Sa mémoire tenait du prodige, au point que ce qu'il avait lu une fois s'y trouvait immédiatement imprimé. Il possédait la plus vaste érudition, rafraîchie chaque matin par des lectures qui, je crois, nuançaient ses opinions de la journée. Ce sont ces immenses provisions de philosophie et de poésie que le choc électrique mettait en mouvement. Dans quelle mesure les beautés incontestables d'images et de rythmes, qui donnaient à ses extases les plus absurdes un caractère fort élevé, jaillissaient-elles de son invention propre ou des réserves de sa belle culture? Était-il une source ou une citerne? Je me le demande encore. Mais c'était une force, une grande nature primitive, chargée des bagues et des bracelets de la tribu.

Je détestais la profonde corruption que le germanisme et l'orgueil de la tribune avaient introduite dans ce Latin. Je sentais que né pour être un écho sonore au cœur de la France, il trouvait ce rôle trop étroit et qu'il courait toujours se placer au centre de l'Europe. Mais j'avais à plusieurs reprises, de plusieurs points de vue, reconnu en lui une nature supérieure, un de ces êtres qui ne sont pas simplement de la terre de cimetière, et il m'est difficile de n'éprouver pas secrètement quelque chose qui ressemble à de l'amitié pour ce que j'ai une fois admiré. J'avais de l'espoir dans sa générosité d'âme.

— Monsieur Jaurès, lui dis-je, je viens d'aller par terre de Beyrouth à Constantinople, après un arrêt à Alexandrie. Précédemment, j'avais visité la Grèce et l'Égypte. Savez-vous à quel point, dans tous ces pays, c'est notre esprit qui domine? Dans les cantons les plus perdus, à tous les rangs de la société, on y trouve des gens qui parlent français. C'est par nos écoles, nos livres et nos journaux que ces populations prennent le contact de l'Occident. Vous, monsieur Jaurès, vous êtes entendu et discuté à Athènes, à Alexandrie, à Constantinople, comme à Paris. Et il en va de même à Damas, à Alep. Les Jeunes-Turcs sont souvent vos disciples;

les Arméniens, les Grecs, tous les chrétiens d'Orient vous comptent parmi leurs protecteurs. Il y a là-bas, autour de la France, un sentiment d'un caractère si religieux et si fort qu'on y accepte et réconcilie toutes nos aspirations les plus diverses. En Orient, nous représentons une spiritualité, la justice, la catégorie de l'idéal. L'Angleterre y est puissante ; l'Allemagne, toute-puissante ; mais nous possédons les âmes. Les chrétiens d'Orient sont groupés autour de nos prêtres, et les Turcs cultivés sortent de nos collèges. Un exemple bien significatif : le chemin de fer de Bagdad est l'épine dorsale de la Turquie, et il sert à l'Allemagne pour coloniser tout le long de la ligne ; chaque gare possède un dépôt de machines agricoles et d'échantillons de toute sorte ; les marchandises allemandes arrivent avec un tarif qui ne permet à personne de les concurrencer ; les chefs de gare sont autant de commissionnaires qui, passée l'heure des trains, font l'article aux paysans, disposés eux-mêmes à leur acheter plutôt qu'aux commerçants anglais ou français, à cause du bon marché et à cause des facilités que leur donne la Deutsche Bank. Et il va en être ainsi jusqu'à Bagdad. Je me suis arrêté à Konia ; la Deutsche Bank, après avoir fait le chemin de fer, a irrigué soixante mille hectares qui sont entre les mains du gouvernement ottoman et des villages ; elle a obtenu pour quinze ans l'exploitation de cette irrigation, plus une hypothèque légale ; passé ce délai, si les Allemands ne sont pas payés, ils se paieront en nature sur les terrains qui appartiennent à l'État. Maintenant ils vont irriguer Adana comme ils ont fait de Konia. Eh bien ! dans cette Cilicie, comme à Konia, quelle qu'y soit la situation des Allemands, c'est le français que l'on parle. Tout le long de ce chemin de fer, notre langue est la langue officielle. Il a bien fallu que les Allemands en décidassent ainsi : les gens du pays ne savent de langue occidentale que le français, et les employés ne peuvent se recruter que dans nos écoles françaises.

« Ah! ces écoles, Jaurès! Les petits Orientaux, catholiques ou musulmans, s'y entassent, parce que le français peut leur être utile. En deux ans, les meilleurs arrivent à le parler et à l'écrire à peu près ; aux autres, il faut trois ou quatre ans. Ils s'expriment avec solennité; ils sont naturellement pompeux et atteignent difficilement au style simple, mais enfin les voilà devenus de notre clientèle, de notre parenté. Dans plusieurs gares d'Anatolie, à Ismid par exemple, qui est l'ancienne Nicomédie, où les missionnaires étaient venus au passage du train avec leurs élèves, drapeau en tête, m'apporter leurs amitiés, j'ai vu tous les employés saluer les Pères et saluer le drapeau français. C'étaient d'anciens élèves. Une précieuse conquête de l'Occident, ces hommes qui, tout en restant dans leur cadre héréditaire, lient avec nous cette sorte de cousinage. Et vous, Jaurès, vous ne pourriez pas voir ce beau travail sans en être ému, car ces religieux et ces religieuses ne sont pas seulement d'habiles professeurs, mais des modèles de fermeté et de générosité. Ils font la classe et sont eux-mêmes de parfaits exemplaires, des leçons vivantes, non pas seulement de français, mais d'humanité.

« Dans la gare d'Eski-Chehir, j'ai vu un docteur grec qui installait dans le train sa femme et son petit garçon âgé de huit ans. Il craignait les massacres et les envoyait à Constantinople ; et se tournant vers le directeur du collège avec qui je causais : « Au premier trouble, je me réfugie chez vous. Me recevrez-vous? — Je vous envelopperai dans le drapeau. » C'est dit, sur le ton de la plaisanterie, devant de beaux wagons, sous un soleil de paradis, au milieu d'une foule vivante, gaie, bariolée, plus qu'à demi européenne, où l'on voit les vêtements et les mœurs de nos petites villes françaises, où les femmes voilées, qui vont monter dans le compartiment du harem, portent à la main des petits sacs des Galeries Lafayette, mais le contraste de cette civilisation avec l'angoisse des massacres n'en est que plus fort. Dans toute cette Asie, où la peur serre les cœurs, la France et l'humanité occidentale sont noblement et utilement représentées par ces religieux hardis et ouverts...

« Alors, je me tourne vers vous, Jaurès. Nous n'avons pas pu nous entendre pour les petites églises. Vous m'avez dit : « Tout ce que je puis faire, c'est de ne pas intervenir contre vous. » Sembat, lui, m'a appuyé. Cette fois, c'est sur vous que je compte. Le péril est tragique. Ces écoles ouvertes par centaines et jusque dans les plus petits villages, par nos missionnaires, et qui ont donné une situation éminente à notre esprit et à notre langue, eh bien ! faute de recrutement en France, elles commencent à disparaître. Je vous montrerai les chiffres, c'est terrifiant. Encore quelques années, et nous serons remplacés là-bas par des Italiens, par des Allemands. C'est notre esprit et notre langue qui disparaîtront, et pis encore, car je me place à votre point de vue, c'est quelque chose de généreux, un aspect cordial et enthousiaste de l'humanité qui ne sera pas remplacé. Notre Michelet, à moins que ce ne soit vous, Jaurès, l'a bien dit : « La France est un génie de propagande. » L'Occident sera moins accessible à ces Orientaux, s'il ne leur arrive plus par nous. Marchons ensemble, Jaurès, comme vous avez marché pour la défense des chrétiens d'Orient avec Buisson, avec Clemenceau, avec Denys Cochin. Qu'est-ce que je vous propose que nous demandions? Seulement la liberté d'ouvrir en France des noviciats en vue d'y former des missionnaires français pour l'enseignement à l'étranger. Je suis partisan de la liberté d'association. Possible que là-dessus nous soyons en désaccord. Mais ce débat ne sera pas ouvert. Il ne s'agit que de former quelques centaines de missionnaires, chaque année, pour maintenir le génie français à l'étranger, et pour donner des écoles à des races qui n'en ont pas.

Et Jaurès me répondit :

— Monsieur Barrès, vous venez de me dire que la situation économique de l'Allemagne était très importante dans l'Empire ottoman...

— Très importante.

— Et qu'elle se développait encore...

— Le Bagdad est d'immense avenir.

— Eh bien ! il est fatal et légitime que la prépondérance intellectuelle appartienne à celui qui possède la prépondérance économique. Je ne m'associerai pas à votre campagne.

Que veut donc un Jaurès? A quel point de vue se place-t-il pour sacrifier ainsi la France à l'Allemagne?

Il croit à une loi du monde matériel suivant laquelle seules sont génératrices d'actions spirituelles les emprises économiques, les prestiges du négociant et de l'ingénieur? Mais nous voyons qu'au Canada, aux Philippines, un commerce intense avec les États-Unis n'a guère entamé les manières d'être morales. Il se pique d'être bon Européen, il prétend servir la civilisation, l'humanité future telle qu'il la perçoit, déterminée avant tout par un marxisme triomphant? Dans cet Orient voué à l'anarchie, dans cette multitude de races et de religions si diverses et si enchevêtrées les unes dans les autres que, livrées à elles-mêmes, elles seraient pour l'instant bien incapables de vivre en paix et d'exécuter des travaux d'intérêt général, il reconnaît la nécessité de créer un ordre. Eh bien ! n'y a-t-il pas au moins deux variétés d'ordre? L'une qui est faite d'organisation matérielle, de trafics intenses, de barrages régularisant les cours d'eau, de commodités de transit et d'échange ; l'autre qui implique plutôt un sentiment de la dignité individuelle, de l'autonomie des personnes, de la courtoisie des mœurs. La France, dans ses meilleures époques, a toujours mené de front les deux choses ; les routes tracées par les administrateurs de Napoléon apportaient le Code civil ; et les musulmans du Caire, les petits Arabes de Syrie que Chateaubriand entendait crier en français : « En avant marche ! » se souvenaient de la cordialité et de l'allant des grenadiers, en même temps que du pas cadencé des tambours. Mais l'Allemagne? Jaurès n'admire-t-il pas à l'excès les vertus de l'économie politique qu'un marxisme impénitent lui fait à toute force découvrir sous les faits, et ne croit-il pas à l'aveugle au bienfait moral qui résulterait d'une juste répartition de la richesse humaine? Alors même que l'Allemagne achèverait la construction du Bagdad, jetterait les plus beaux ponts sur l'Euphrate, aménagerait le golfe d'Alexandrette, multiplierait les ports et les estacades, tendrait de fils télégraphiques et téléphoniques tout l'Empire ottoman, développerait-elle par là le sentiment de la dignité humaine que les meilleurs Orientaux voudraient généraliser dans leurs races?

L'Allemand n'est pas apprécié comme porteur de vraie civilisation. Tous les voyageurs savent que, dans les pays où ses expansions semblent réussir le plus brillamment, son génie organisateur contente peu dès qu'il s'agit de facteurs humains, et qu'au contraire les Français de tous ordres, animateurs affables, laissent surtout le regret qu'ils soient trop peu nombreux, trop peu cohérents, trop divisés, trop délaissés par leurs pouvoirs publics. Cela se rattache à une mystérieuse caractéristique de l'être éminemment sociable qu'est le Français. Aussitôt qu'un de nous est en présence d'un noir, d'un jaune, d'un Peau-Rouge, il prend le contact. Force de sympathie bien touchante! D'instinct, spontanément, à toutes les époques, sous tous les climats, nous avons apporté avec notre personne l'initiation à la conscience du droit et la cordialité pour les autres races.

Et ces ferments, que j'ai vu nos missionnaires déposer dans l'esprit de leurs jeunes élèves, peuvent fort bien, le moment venu, à l'heure propice, se développer en collaboration économique. Il saute aux yeux qu'un médecin, un légiste formés à l'Université Saint-Joseph de Beyrouth, une Smyrniote, une Alexandrine, une Byzantine élevées dans les couvents de Notre-Dame de Sion, un commerçant, un banquier instruits chez les Frères, et les plus simples enfants chrétiens ou musulmans qui ont appris notre langue sont désormais inclinés à la consommation des produits de chez nous.

En tout cas, à cette heure, le débat est éclairé et tranché par la guerre. De ces deux variétés de discipline, l'une de force, l'autre de sympathie, la victoire a démontré que l'Allemagne ne peut concevoir que la première ; cependant que l'effondrement de sa prépondérance économique, qui jusqu'à cette heure n'a été remplacée par nulle autre laisse le champ libre à notre action plus spirituelle.

Et c'est fini, n'est-ce pas, que personne puisse nous parler d'une Allemagne rempart de la civilisation contre la barbarie asiatique !

Hier, sous son apparence de modernité et d'activité pratique, ce n'était pas la vraie doctrine de l'Occident que l'Allemagne réalisait ; son européanisme était entaché d'une foi néfaste dans le pouvoir de deux notions, le nombre et la force, qui n'appartiennent pas à la meilleure définition de l'Europe ; mais aujourd'hui, tandis qu'elle laisse jouer avec prédilection ses affinités asiatiques et qu'elle reporte ainsi plus à l'ouest la vraie frontière de l'Europe, tandis que son communisme prend figure de soviétisme et ses aspirations monarchiques de tsarisme, qui donc pourrait s'entêter dans l'erreur de croire qu'elle incarne l'esprit européen? Alors que son élan et ses déclarations retentissantes la détournent de l'Occident « démocratique, parlementaire, progressiste », et l'orientent vers les prestiges d'Asie, n'avoue-t-elle pas que ses forces vives plongent dans un terrain de sentiments et d'idées qui n'est pas cet esprit de bon Européen que glorifiait son prophète Nietzsche?

Le meurtre politique confié à des volontaires fanatisés, le mystère des sociétés secrètes, les assemblées naturistes jetant leurs appels sur la prairie nocturne, voilà les faits qui donnent actuellement sa caractéristique la plus inquiétante à l'activité allemande. Transportées dans le Levant, où elles retrouveraient un terrain si favorable, ces habitudes néfastes ne viendraient-elles pas envenimer ce qu'il s'agit d'apaiser : l'éternelle rivalité armée des partis, la décomposition des mysticismes devenus de pures mécaniques, le séidisme des vassaux conjurés, comme jadis autour du Vieux de la Montagne, pour soutenir même le pire des chefs? (27).

Il est passé le temps où Gœthe enseignait que « l'individu est la plus haute conquête de l'espèce humaine ». Les Allemands ont renié le véritable esprit de Weimar. Ils se détournent d'un Occident dont la maîtrise leur échappe. Ils disent : « Nous n'avons plus à être Occidentaux, puisque Occident signifie mercantilisme anglais, machinisme américain, quiétude française de petits rentiers, molle satisfaction italienne. Ne vivons que dans le respect du nombre, de la grande masse, de l'inconscient, ciment inférieur et le plus puissant pour relier les collectivités innombrables et amorphes. » Sous nos yeux, ils viennent de retrouver en eux et s'ingénient à faire passer dans le réel, des aspirations et des rêves que leur musique, leur philosophie, leur romantisme avaient esquissés à maintes reprises. Jadis Schlegel avait écrit une Sagesse des Hindous quand Napoléon était tout puissant. Quel est le livre auquel ils ont fait le plus grand accueil depuis l'armistice? *Le Crépuscule de l'Occident.* Et ce livre fameux de Spengler a aussitôt trouvé sa contre-partie, *l'Ascension de l'Orient.* Quelle est la confession de vie intérieure dont ils se sont le plus inquiétés? Le *Journal de voyage* du comte Keyserling aux Indes. Quel est l'étranger de marque qu'ils ont salué comme l'annonciateur d'une prochaine religion? Rabindranath Tagore avec son *Message de la forêt* et ses balbutiements de fakir. Du même coup, l'Université que cet Hindou avait fondée à Santiniketan s'est trouvée le point de mire des offres de services et des visites de nombreux intellectuels allemands. Dans le domaine de l'art littéraire, la jeune Allemagne, rejetant les maîtres de l'expérience consciente et de la plastique psychologique, a acclamé en Dostoïewsky le Messie d'une nouvelle religion d'instabilité et d'abandon. A côté de ces indices expressifs, le foisonnement de la théosophie, l'attention donnée aux exagérations de Sigmund Freud et de sa psycho-analyse, tout un repliement sur les fonctions inférieures de la vie, semblent réaliser, mettre en pratique ce qui, chez un Schelling, il y a cent ans, n'était qu'une variation sur un thème panthéiste. « La nature, disait Schelling, dort dans la pierre, sommeille dans la plante, rêve dans l'animal et pense dans l'homme. » Et maintenant on s'ingénie à tenter le mouvement inverse. Puisque la nature a fait cette ascension, l'homme est invité à descendre jusqu'à l'échelon élémentaire. Quelques-uns disent que, pour la pensée, rien n'est plus facile que d'avoir la notion d'une existence antérieure. Ces existences sont multiples autant que nos aïeux. Continuons notre contention, et nous arriverons à retrouver les états de semi-conscience qui appartiennent non seulement aux antécédents animés de l'être humain, mais à la plante, voire au minéral. Continuons, nous atteindrons, dans la mesure où ils sont pensables, aux états de la toute première cellule. Et là, dans le primitif, le primordial, le non-évolué, doit nous attendre un délice incomparable, la béatitude d'un contact avec l'éternel.

Il y a dans l'âme allemande une haine de ce qui est trop défini, une sorte de ferveur musicale plutôt que plastique, qui trouve sa correspondance dans l'indéterminé plutôt que dans le compartimenté, et qui conseille l'abandon des normes et des mesures concordant de trop près avec le réel. De ces dispositions, c'est en Orient que l'Allemagne trouve à cette heure l'affermissement, alors qu'à d'autres époques le royaume des sons, la métaphysique pure et la préhistoire nordique y donnaient satisfaction. Mais jadis ce vague à l'âme semblait dénué d'application pratique. En va-t-il de même aujourd'hui?

L'Allemagne n'a pas goûté sans résultat à trente ans et plus de réalisme dans tous les domaines. Beaucoup de ces curiosités, loin de se résoudre en nirvana, pourraient bien n'être que des moyens nouveaux de domination et de conquête. Ajouter des forces indéterminées aux acquisitions de la science ne déplairait pas à une génération héritière, malgré tout, d'une forte époque de réalisation. Un désir de puissance, d'utilisation positive, de discipline en vue d'un résultat, s'emmêle aux divagations de ces Allemands de la dernière équipe. Ils ont toujours l'idée de se faire une arme. Rêvent-ils pas qu'une Allemagne menacée de blocus puisse braver la famine en entrant en léthargie, et que, cernée, elle puisse devenir insensible à la douleur? Il y a, chez ces orgueilleux désespérés, une telle alliance de passivité de fakir et d'activisme hostile à leurs vainqueurs! Quand Tagore faisait au milieu d'eux sa tournée triomphale, leur loyalisme guerrier trouvait parfaitement moyen de s'allier à la délicieuse primitivité qs'il recommandait. On a vu un prince de Hesse, déchu, suivre au pas gymnastique la voiture qui ramenait le poète hindou d'une conférence en plein bois; et les journalistes ont félicité leur chef héréditaire d'avoir si bien compris la nouvelle aspiration de son peuple. Mélange savoureux de dévotion féodale, qui ne se privait pas d'admirer un souverain déposé, et d'hypnotisme collectif trouvant l'Évangile de demain dans le message d'abandon et de non-résistance au mal! Il suivait à pied un missionnaire d'idéalisme, et ses anciens vassaux l'admiraient dans cette attitude, tout comme s'ils l'avaient vu chevauchant à leur tête.

Et ce n'est là que l'aspect européen de la question! Il faut l'étudier sous l'angle mondial. En face des fidélités que la France a trouvées en Afrique, et des *dominions* qui sont la vraie substance de l'Empire britannique, l'Allemagne se ménage, suivant le vieil axe Hambourg-Bagdad, une clientèle de proche Asie qui n'est pas faite pour des fins purement spirituelles. Elle fabrique à force des missionnaires, qu'elle met hâtivement au courant des choses médicales, pédagogiques, géographiques, en même temps que des choses religieuses, pour qu'ils lui recrutent des alliés militaires aussi bien que des clients commerciaux et des amis intellectuels.

Eh bien! cet Asiatisme *ad usum Germanorum* ne correspond pas à la meilleure notion de la civilisation occidentale. Ni à l'intérêt de l'Europe, certes! C'est mettre trop peu d'Occident véritable en Orient, c'est s'annexer trop d'Orient dangereux que de pratiquer ainsi le mariage entre l'Europe et l'Asie. Nous n'acceptons pas que le prestige indirect de l'Asie la plus trouble commence ainsi d'opérer sur l'Europe à la faveur du désespoir allemand. Une légende bretonne nous montre la mer qui recule devant la prière d'un moine et qui ne dépasse pas les petits cailloux qu'il a posés sur le sable. Ces petits cailloux, ce sont nos collèges d'Orient, où les Asiatiques apprennent nos notions du droit et du devoir, le respect des personnes considérées comme autre chose qu'un matériel humain, et l'abstention des sévices corporels. Voilà ce qu'enseignent nos missionnaires à l'Orient, tandis que l'Allemagne elle, déclare se nourrir des pires ferments asiatiques. Nous vaccinons l'Asie contre ses propres défauts, et cependant l'élément occidental que nous lui apportons tend de moins en moins à détruire ce qu'elle contient de bon. La méthode des Dupleix et des Montcalm, des Faidherbe et des Gallieni, des Père Joseph et des Lavigerie, émancipe au lieu d'assujettir, éveille les consciences au lieu de les endormir, cherche des sympathies et non des soumissions, et voudrait occidentaliser les Orientaux en leur gardant leur meilleur génie. Persévérons dans cette voie qu'au terme de cette enquête je sens être la meilleure.

PERSÉVÉRONS

Les vieilles conditions qui réglaient notre vie dans le Levant viennent d'être modifiées; ces pays obéissent à de nouvelles gravitations ;de nombreuses nationalités y ont réapparu ; les rivalités y sont mieux armées : n'empêche que le problème de fond reste le même, et le contact avec l'élément musulman n'a pas changé parce que les zones d'influences se sont précisées. Dans ce monde de l'Islam où les répercussions sont si vives, toute insuffisance que nous montrerions en Asie nous affaiblirait en Afrique. Nous devons maintenir nos positions, et par conséquent garder nos maîtresses pièces, à savoir nos congrégations enseignantes et charitables.

Cependant notre travail doit être plus clairvoyant, mieux raisonné que jamais ; et les résultats que nous avons obtenus grâce à des efforts peu systématiques, il nous faut les affermir par une meilleure coordination de nos desseins.

Que faisons-nous à cette heure en Syrie? Ce n'est pas un pays riche ; simplement, un pays qui peut vivre et légèrement exporter sous une administration très sage ; mais c'est une tête de pont importante, la seule que nous possédions, pour toutes les pénétrations, possibles ultérieurement, par terre, vers la Perse et les Indes ; et si nous n'y sommes pas, d'autres s'y précipiteront à notre grand dam. Comment de cet observatoire concevons-nous les problèmes de l'Asie et de l'Islam? Le général Gouraud a convoqué successivement à Beyrouth des séries d'écrivains, les Raymond Recouly, les Lichtenberger, les Tharaud, et des députés, les Wetterlé, les Lenail, les Leboucq, les Édouard Soulier, pour qu'ils signalent à l'opinion publique comment nous pourrions trouver, après les premières erreurs, notre « chemin de Damas ». Pierre Lyautey, hier le chef de son cabinet civil, nous expose *le Drame oriental*, le rôle de la France au milieu de ces nationalités de tous ordres, Égyptienne, Palestinienne, Arabe, Transjordanienne, Syrienne, Maronite, Turque, Grecque d'Asie, Arménienne, Assyro-Chaldéenne, qui se sont mises à remuer quasi-irrésistiblement, quand sont venus jusqu'à elles les mots d'ordre avec lesquels les Alliés exaltaient, durant la grande guerre, leurs peuples et leurs soldats. Et voici que Henry Bordeaux va nous montrer cette nouvelle Syrie libérée par la France, renaissant après la famine et l'oppression germano-turque, et formée par nous à s'administrer elle-même sous notre garde. *L'Orient en marche* qu'annonce le romancier de *Yamilé sous les cèdres* sera l'histoire de notre intervention d'aujourd'hui venant se placer à la suite des nombreuses interventions qui, de siècle en siècle, ont créé sur cette terre nos titres et notre influence. Cette magnifique tâche d'annaliste des plus récents services de la France ne pouvait être la mienne. Mon enquête avait un objet bien délimité, essentiellement spirituel, d'actualité constante, quoi qu'il advienne!

« A nous, toujours et quand même, l'amitié des âmes, » cette pensée, cet instinct de mes premières songeries sur le bateau du départ, pourrait être l'exergue de cette médaille dédiée à nos missionnaires. J'allais voir ce que valent à cette heure nos congrégations, considérées comme instruments de la haute civilisation occidentale. Nous avons une primauté intellectuelle qu'il serait coupable d'abdiquer ; nous devons l'entretenir par des acquêts et par des dons. Je ne cessais de me demander : Que pouvons-nous recevoir de l'Asie? Que pouvons-nous lui donner?

Je sens que d'une meilleure utilisation du génie asiatique résulterait en France une simplification de la vie matérielle, un moindre goût de l'accumulation mercantile. Après tout, ce n'est pas la peine de tant amasser de provisions pour une vie qui dépasse rarement cent ans ! Les cabanes du Liban confirment, soulignent la leçon de mesure et de modération que nous donne la petite maison du poète de Maillane. Celle-ci et celles-là nous ramènent à un sens plus simple des nécessités primordiales. Je sens que l'Orient inopérant peut aider à assouplir notre existence prise dans des glissières trop rigides. Et ses poisons eux-mêmes, filtrés convenablement, bien dosés, peuvent devenir un tonique.

Nos missionnaires, qui si souvent déjà ont renseigné nos officiers, nos voyageurs et nos archéologues, sauraient, dans bien des cas, être plus largement nos informateurs et comme des arbitres entre deux civilisations... Inversement, rien ne vaut l'expérience et l'action de ces religieux enseignants, attachés à leurs vœux, sûrs de leur communauté et s'adressant à l'âge le plus tendre, pour distribuer en doses sages ce que notre civilisation peut procurer de bienfaits aux peuples de l'Asie. Ils ont des forces incomparables : le dévouement, l'abnégation, la persistance dans le dessein qui les anime et dans l'ordre qui les encadre. Nul qui soit mieux placé pour diriger au sein des masses orientales l'évolution de l'individu, sa renaissance intellectuelle, en développant ses qualités morales de loyauté, de décision, de jugement, et puis en lui enseignant, sur le plan même de ses occupations nécessaires et héréditaires d'agriculteur et de commerçant, la précision dans la pensée et la constance dans l'effort. Et dans leurs dispensaires, ils peuvent faire concourir la diffusion de l'hygiène à une meilleure entente de la dignité personnelle.

Ainsi toujours, aux conclusions de ce voyage, comme à chacune de ses étapes, je sui s ramené à la question qui m'obsède et qui fait tout l'inextricable de l'énigme orientale-occidentale : la question de l'enseignement. Quel est le dessein des jésuites, qui détiennent la haute place intellectuelle de Beyrouth, le dessein de toutes ces congrégations, ou mieux, quelle est la politique catholique en Orient? Quelle est la politique scolaire de la France en Syrie? Quelle emprise pouvons-nous prendre sur les nationalités et les civilisations différentes de la nôtre?

Un grand Français, qui vit dans ce problème depuis trente ans, de l'Extrême-Orient au Maroc, et qui s'est passionné à le résoudre avec des angoisses de conscience, des tâtonnements, des variations, qui en prouvent assez l'extrême difficulté, le maréchal Lyautey, me dit : « Je crois avoir trouvé la bonne formule pour ce qui concerne le Maroc seul, mais il y en a certes cinquante autres pour les cas différents car il n'y a en rien et nulle part de formule uniforme et rigide. Le danger saute aux yeux, c'est de créer une espèce de jeunes gens déclassés, incompris, mécontents, mégalomanes d'ailleurs et se croyant capables de tout avaler, recrues assurées pour les mouvements de récrimination, d'opposition, voire de révolution... »

Comment approprierons-nous l'enseignement occidental à nos élèves orientaux, de telle manière qu'au sortir de nos collèges ils restent commerçants, propriétaires, fonctionnaires, au milieu des leurs, pareils aux leurs, encadrés dans les expériences de leur race, et cependant, grâce à la langue et à la culture, de moins en moins séparés de nous? Comment formerons-nous une élite intellectuelle avec qui nous puissions travailler, des Orientaux qui ne soient pas des déracinés, qui continuent d'évoluer dans leur norme, qui restent pénétrés de leurs traditions familiales, et qui forment ainsi un trait d'union entre nous et la masse indigène? Comment créerons-nous des parentés, en vue de préparer les accords et les ententes qui sont la forme souhaitable de notre future politique? Il s'agit de susciter dans ces peuples étrangers le goût de maintenir, *quoi qu'il advienne un jour de leurs destinées nationales*, le contact avec notre intelligence.

Au moment où j'achève de publier cette étude, neuf années après mon retour à Paris, deux images de mon voyage se présentent à mon esprit avec une force singulière, deux images distinctes et qui pourtant s'appareillent...

Je me rappelle qu'un matin au musée de Constantinople, au milieu d'admirables beautés émouvantes de jeunesse que surpassait encore sa signification magnanime, j'ai vu le grand sarcophage d'Alexandre, ce fameux monument funéraire qu'il y a vingt-deux siècles un principicule de Sidon, désireux de s'ensevelir avec gloire pour l'éternité, s'en est allé acheter à Athènes dans quelque atelier où se conservaient les traditions des Lysippe et des Scopas. On ne peut pas imaginer d'œuvre plus somptueusement chargée de haute intelligence. Sur une face, c'est la bataille d'Issus : Alexandre, en pleine action de s'assurer l'empire de l'Asie, déploie toutes les violences abritées sous son grand air de mélancolie. Et ce qui donne son entière portée à cet épisode de guerre, c'est, sur l'autre face, la représentation d'une grande chasse à laquelle prennent part les vainqueurs et les vaincus. Là encore, voilà le héros avec son caractère terrible et quelque chose de fou dans le regard ; mais cette fois, il s'est imposé de pacifier l'empire qu'il a conquis : ceux qui viennent de s'entre-détruire, il les rassemble et les entraîne pour une nouvelle destinée, dans une grande scène d'activité joyeuse. Toujours forcené de nature, mais sachant que le propre de la force est de faire le calme, il les rapproche et les oblige de se reconnaître des parents... Quelles savantes compositions, compliquées et si claires ! Cette plénitude, cette netteté, c'est du plus grand art et surtout du plus beau génie politique. On ne se lasse pas de travailler à s'approprier le contenu intellectuel d'un tel diptyque, devant lequel eût médité le Premier Consul, quand il réconcilia les Français.

Et par une singulière rencontre, deux heures plus tard, après déjeuner, M. Maurice Bompard me conduisit chez ses voisins les Capucins français de Saint-Louis, qui tiennent dans une maison attenant à notre ambassade le séminaire oriental de Constantinople, pareil aux séminaires de Mossoul, de Jérusalem, de Beyrouth. Ces quatre maisons capitales, dirigées par des communautés religieuses françaises, ont pour objet de former à la romaine les jeunes clercs des rites orientaux, en les pénétrant de l'unité de l'Église catholique à laquelle leurs Églises sont reliées par un fil si ténu (28). Elles donnent à ces adolescents un enseignement français et latin calqué sur celui de nos établissements d'enseignement secondaire. C'est grâce à elles que les prêtres indigènes des rites orientaux, qui exercent leur ministère jusque dans les confins les plus reculés de la Mésopotamie, de l'Arménie et du Kurdistan, y répandent ou mieux y répandaient la culture française, au moins élémentaire, et en tout cas notre langue. Je vis dans la grande cour des Capucins toutes les variétés ethniques : des enfants venus de Diarbékir, de Mossoul, de Bulgarie, un étonnant bariolage. On leur avait remis leurs vêtements d'arrivée pour les photographier avec moi. Ils riaient de se voir ainsi costumés et ne se reconnaissaient plus, car ils avaient le sentiment d'être montés d'un grade depuis qu'ils étudiaient et vivaient à la manière occidentale. J'admirai leur gaîté, leur joyeuse entente. « Au début, me dit le Père Supérieur, ils refusaient de jouer et disaient : Nous ne sommes pas venus ici pour cela. » L'Oriental ne joue pas. Quelques mois après, ils étaient tels que je les vois, mêlés dans cette vive et saine camaraderie des cours de récréation de nos collèges français... Que subsiste-t-il là-dessous? Et que subsistait-il dans les sujets du Roi des Rois, auxquels Alexandre apportait l'hellénisme?

A toutes les époques, cette diversité infinie et profonde des nations de l'Asie, vraie mosaïque de races et de religions, a eu besoin qu'une pensée supérieure y vînt établir l'unité. La chasse du sarcophage d'Alexandre, les jeux du Séminaire oriental, deux images qui expriment une même besogne de réunion accomplie par l'Occident. Alexandre, c'est l'imprévu qui apparaît dans le monde. Il a la beauté de l'éclair. Ces missionnaires, quelle patience ! Leur œuvre détruite, ils la recommenceront. (29).

FIN DU TOME SECOND

NOTES

DU TOME PREMIER

Note 1, page 7. — « Ils ne connaissent que leurs intérêts.., ils sont étonnamment positifs !... Mais serait-ce donc que nous aurions quelque chose pour toucher leurs intérêts et rien pour leurs âmes?

Note 2, page 28. — On disait aussi que le Père Félix était un parent, un neveu ou petit-neveu de Rachel. C'est une tradition que me confirme la comtesse de Martel (Gyp). Henri Bremond n'en veut rien croire. Dans l'espèce Bremond doit être une plus sûre autorité que Gyp. Mais je garde cette rumeur comme un renseignement sur l'esprit de Nancy aux environs de 1870.

Note 3, page 67. — Pourquoi ces Libanais veulent-ils des écoles? Ils ont un amour pour la langue française, que beaucoup d'entre eux parlent avec une élégance bien rare chez les étrangers. Ils sont noblement ambitieux, et la meilleure façon pour monter dans la société, au Liban (et peut être dans tout le Levant), c'est de savoir la langue française. Ils ignorent comment ils exploiteront cette connaissance, mais ils se disent : « Il faut que je parle le français aussi bien et mieux que mon voisin. » C'est grâce à cet attrait qu'il est arrivé ce fait incroyable (où nul peuple ne nous égale) que les sept journaux qui sont lus à Constantinople, les sept journaux achetés le matin dans les rues, sont en langue française ; et quand l'Anglais a voulu publier un journal anglais, il a dû mettre en regard une traduction française.

Note 4, page 68. — Aujourd'hui, le poète Rachid Bey Nahlé est inspecteur de la Sûreté générale du grand Liban. Ainsi se suivent les époques, chacune avec ses couleurs.

Note 5, page 68. — Mgr Chébly avait étudié à Rome et à Saint-Sulpice. Sa formation était toute latine. A son retour d'Europe, le patriarche maronite le plaça à la direction de la bibliothèque de Bekerké. C'était l'esprit le plus aimable et le plus cultivé. En 1908, il fut sacré archevêque de Beyrouth, et prit ouvertement la tête du parti francophile. Djemal-Pacha et cet autre assassin, dont le nom m'échappe, qui gouvernaient le vilayet de Beyrouth, le contraignirent en 1916 à donner sa démission d'archevêque. Il ne perdit jamais l'espérance. Bientôt il fut exilé en Cilicie, et il mourut à Adana le 16 mars 1917. En 1922, ses cendres furent rapatriées à Beyrouth ; des soldats français escortaient et rendaient les honneurs. Son nom passera à la postérité comme celui d'un ami de la France et d'une victime expiatoire, lui, serviteur de sa nation.

Note 6, page 75. — Beil-Meri, mot syrien qui veut dire : « la maison de Dieu ». Un très joli village, en effet,

Note 7, page 80. — Tout mûrit et se laisse cueillir quand l'heure la plus favorable a sonné. Si je n'ai pu obtenir dans la première minute les renseignements sur lady Esther Stanhope que je demandais au docteur Tehini, mon hôte de Deir-el-Kamar, c'est qu'il fallait qu'ils nous parvinssent animés, enrichis par l'un des plus charmants génies nouveaux-venus. Neuf années après ma vaine recherche dans le Liban, le Père Sarloutte m'écrivait d'Antoura, en juillet 1923 : « Pierre Benoit est notre hôte, Pierre Benoit est allé à Deir-el-Kamar chez vos hôtes, Pierre Benoit va à Djoun, vous aurez vos documents. » Et bientôt m'arrivait du jeune romancier la lettre que voici :

« Ce qui frappe en lady Esther Stanhope, ce sont les « points de contact avec Hendyé. Lamartine les avait cons- « tatés. Lui, si peu observateur cependant, et qui paraît avoir « été fortement impressionné par la mise en scène au milieu

« de laquelle le reçut l'Anglaise, il n'a pas manqué de faire « remonter l'origine de ces ressemblances à l'influence de la « terre syrienne, où toute femme appartient plus ou moins au « cortège d'Adonis. Il parle de l'égale « disposition au merveil« leux » qui se retrouve chez la nièce de Pitt, l'amie de Brum« mel, et chez la pauvre religieuse maronite. « Cette dis« position, écrit-il, tient à un sentiment religieux très « développé, et à un défaut d'équilibre entre l'imagination « et la raison. »

« La cellule d'Hendyé subsiste dans le Kesrouan. Mais, sur « les collines calcinées de Djoun, rien ne demeure de l'étrange « château sur lequel régna durant vingt années cette châte« laine plus étrange encore. Que savons-nous de sa folie? Peu « de choses, sinon que sa tête était rasée, qu'elle passait la « moitié de son temps à interroger les astres, et le reste en « conversations. C'est un fait, elle était une causeuse inta« rissable. Elle pouvait parler de dix à quatorze heures sans « quitter son divan. Un M. Way l'écouta ainsi de trois heures « de l'après-midi jusqu'au lever du jour, le lendemain. En « 1819, elle retint auprès d'elle un autre interlocuteur, le « docteur N..., si longtemps, que le malheureux s'évanouit.

« Est-ce tout? Peut-être. Ses mémorialistes, bien que « terriblement pudibonds, nous laissent néanmoins, à cer« tains détails, penser qu'ils ne nous ont pas tout rapporté, « ou qu'ils n'ont pas tout su. Nous, nous ne pouvons pas « oublier que nous sommes dans ces montagnes génératrices « de curieuses folies. Le labyrinthe de lady Stanhope n'est « guère distant du monastère d'Hendyé. Pas d'homme « dans sa vie, à part, peut-être, ce jeune et nébuleux général « anglais tué en Espagne, auquel Lamartine fait allusion. « Par ailleurs, son médecin nous apprend qu'elle avait pour « les femmes une aversion extraordinaire. Elle se refusa « toujours à recevoir celles des visiteurs qui venaient la « voir. Elle professait que les hommes mariés étaient les « plus misérables des êtres... Or, nous voyons auprès d'elle, « pendant de nombreuses années, ne la quittant jamais, « une jeune Anglaise, miss Williams, pour laquelle elle « semble s'être bien relâchée de cette aversion. Miss William « mourut à l'automne de 1828, moins de la maladie dont « elle était atteinte, paraît-il, que des « étranges remèdes »

« (c'est le médecin qui parle) que sa maîtresse lui administra. Sa tombe fut, dans le cimetière de Dayr-el-Mkhallas, « un simple tertre couronné d'arbustes épineux qui devaient « empêcher les chacals de venir déterrer le corps. A la « suite de cette mort, lady Stanhope « tint sa chambre « fermée deux ans ». Nous connaissons également l'existence « de ses deux esclaves, Fatoun et Zizefoun, deux jeunes « filles d'origine Metouali, qui ne la quittaient, ni jour, ni « nuit, et qu'elle terrorisait.

« On n'aurait qu'une idée bien tronquée de lady Stanhope « si, à côté de sa folie mystique, on ne faisait intervenir « sa folie de domination. C'est par là que cette femme est « vraiment extraordinaire. C'est de ce côté que les plus curieuses découvertes sont réservées aux pioches des chercheurs. Cette terre arabe est sans doute la patrie d'Adonis « et d'Hendyé, mais aussi, il ne faut pas l'oublier, celle de « Balkis et de Zénobie. Dans les propos les plus incohérents de lady Stanhope, il m'a toujours semblé retrouver « une idée susceptible de faire l'unité : le désir forcené de « la reconstitution de l'empire palmyrénien. De tout temps, « une sorte de frénésie a poussé les femmes à se mêler de la « question arabe. L'histoire du peuple le plus désordonné « semble flatter le perpétuel dérèglement, le goût de « l'anarchie que les meilleures portent en elles. Hier encore, « à Paris, nous avons vu, dans nos salons, quel accueil elles « ont fait à Fayçal... Je ne puis citer les noms illustres de « deux ou trois de nos compatriotes qui se sont rendues « célèbres en Syrie par leur désir de jouer les Zénobies. « Mais les Anglaises ont battu de loin les Françaises sur le « chapitre de ces singulières ardeurs... Il faut lire dans « Lamartine comment Esther Stanhope fut proclamée par « les tribus arabes reine de Palmyre. Nous avons, d'autre « part, la trace de ses intrigues avec ou contre l'émir et le « cheikh Béchir, le sultan Mahmoud, Abdullah, pacha « d'Acre, pour le compte duquel elle rédigea elle-même un « projet d'organisation de troupes régulières.

« Ainsi, sur ce terrain, et de la façon la plus inattendue, « cette femme qui fait sans cesse profession de haïr son « pays natal, a jeté les principes de la politique suivie « actuellement par l'Angleterre dans le proche Orient. Lady

« Esther était-elle sensée? Ou cette politique est-elle folle? « Nous le saurons un jour. Pour le moment, bornons-nous « à constater chez un personnage fort curieux, le colonel « Lawrence, conseiller contre nous des émirs Fayçal et « Abdallah, le même mysticisme pro-arabe qui animait la « châtelaine de Djoun.

« L'Angleterre, qui l'avait délaissée durant sa vie, tint « à sa mort à récupérer cette enfant prodigue. Il faut lire, « dans le livre de M. William Thomson (*Lebanon, Damascus « and Beyend Jordan*), les détails pleins d'horreur tragique « de son enterrement.

« Le consul d'Angleterre à Beyrouth, raconte M. Wil- « liam Thomson, me demanda d'accomplir l'office divin à « l'enterrement de lady Esther. C'était un dimanche d'une « chaleur intense en juin 1839. Nous partîmes pour notre « triste mission vers une heure, et arrivâmes à Djoun « vers minuit. Après un court examen, le consul décida « que l'enterrement devait avoir lieu immédiatement. La « voûte du jardin fut ouverte en hâte, et les ossements « d'un général français qui était mort là-bas et avait été « enterré par lady Esther dans la voûte en furent retirés « et mis en tas. Le corps de lady Esther, dans un simple « cercueil de bois blanc, fut porté par les serviteurs jusqu'à « la tombe, suivi d'une assistance qui s'éclairait de torches « et de lanternes pour trouver son chemin, parmi les allées « sinueuses du jardin. Je fis fausse route et j'errai quelque « temps parmi les détours de ces labyrinthes. Lorsque enfin « j'atteignis le berceau, la première chose que je vis fut « l'amas des os du général, en un sinistre tas, avec la tête « au sommet et une chandelle allumée dans chaque orbite. « Un spectacle hideux ! Le consul observa plus tard qu'il « existait de curieuses analogies entre cet enterrement et « celui de Sir John Moore, l'amour de jeunesse de lady Esther. « En silence, à minuit, dans la montagne solitaire, nos lan- « ternes brûlant d'un terne éclat, avec le drapeau de son « pays autour d'elle, elle était étendue comme un guerrier « en son repos, et nous la laissâmes seule dans sa gloire... »

« Ainsi parle Thompson. Le général français dont la dé- « pouille fut associée de façon si macabre à l'apothéose « funèbre de la châtelaine du Liban, s'appelait le général

« Loustaunau. Si j'étais en France, j'aurais hâte de rechercher, dans les archives de la Guerre, les circonstances de « sa venue en Syrie et de sa mort. »

Et peu après, toujours du Liban, Pierre Benoit redoublait :

« Avez-vous reçu mes notes sur lady Stanhope? Je viens « de relever quelque chose de particulièrement intéressant « à son sujet, touchant le rôle d'agent britannique qu'elle « a joué, peut-être à son insu. Prenez le *Voyage en Orient* « de Lamartine. Cherchez-y le récit de Fatalla Sayèghir.. « Vous y verrez comment lady Esther essaya de contre-« carrer la mission de Lascaris, agent secret de Napoléon « chez les Bédouins... »

Eh! oui, Pierre Benoit, je connais cette page : « Lady Stanhope, par des questions adroites, ayant vainement essayé d'obtenir de lui (de Lascaris) quelques éclaircissements sur ses relations avec les Bédouins, prit à la fin un ton d'autorité qui donna à celui-ci prétexte de rompre. Il quitta lady Stanhope complètement brouillé avec elle. » Mais il faut aller plus loin sur cette piste. Mon cher Benoit, écoutez ce que dit le vicomte de Marcellus précisément à Lamartine : « Vous avez nommé lady Esther Stanhope, vous m'avez transporté de nouveau aux pieds de cette femme dont je n'osais tracer le portrait et que vous ne jugez pas vous-même... Moi aussi, je consignai mes impressions dans un récit fidèle; mais ce récit... *mourut dans le gouffre des archives...* » Eh! quoi, Benoit, n'irons-nous pas l'y rechercher? Il continue : « Cependant *ma visite à lady Esther fut racontée à Louis XVIII; il voulut en savoir les détails* et désira *s'en entretenir avec moi.* » Ah! mais ceci ne vous semble-t-il pas d'importance?

..J'arrête notre dialogue pour le moment. Elle est charmante, cette collaboration que m'accordent l'amitié de Pierre Benoit et notre goût commun pour les dames du Liban. Puissions-nous recevoir bientôt le roman qu'il dédie à celles-ci et qu'à cette heure il écrit sur le rivage de leurs montagnes. Et souhaitons que tous les jeunes enchanteurs, tous les jeunes maîtres de l'imagination aillent ainsi planter leur bannière sur ces terres qu'il s'agit d'incorporer dans la pensée française.

Note 8, page 84. — Cette conception presque attrayante de la mort est chez nous exceptionnelle. Peut-être chez Lamartine? Elle est familière à tout l'Orient. Omar Khayyam est un de leurs rares esprits que je vois obsédé par notre sens tragique de la mort. Et cela nous rend compte de l'immense succès de Lamartine auprès des Persans, qui le mettent bien au-dessus de tous nos écrivains, en même temps que de la divergence des appréciations orientales et occidentales sur la valeur de Khayyam. Khayyam qui a fait depuis un siècle une si grande fortune en Europe n'est aux yeux de l'Islam qu'un charmant poète du second rang.

Note 9, page 92 : — Lessa, village habité par des fermiers métualis et qui appartient en totalité à Mgr Jean Mourad, archevêque maronite de Baalbek.

Note 10, page 94 : — Qu'ils trouvent ici, après ces longues années, mon remerciement, les aimables compagnons, MM. J. Tabet et Hoyek, le neveu de Sa Béatitude, qui me rendirent tout aisée et agréable cette excursion d'Afaka, alors assez incommode. M. Tabet est poète et M. Hoyek sculpteur.

Note 11, page 115 : — Une lettre de Pierre Benoit m'arrive du Liban, datée du 15 août 1923... Dans un coin, soigneusement fixée, une pauvre petite fleurette mauve.. et puis : « ...Voici une fleur qui vous touchera peut-être. Je l'ai cueillie dimanche dernier sur la tombe d'Hendyé. Avez-vous vu cette tombe, la tragique fosse commune d'un couvent situé dans le Liban, à une lieue à l'est de Ghazir? J'ai bien pensé à vous là-bas... »

Note 12, page 120 : — Melhamet me raconte une innocente anecdote, qui découvre à *la fois* ce sens du comique et cette familiarité des mœurs qu'il y a dans le Liban. Elle met en scène agréablement les trois éléments, haut clergé, noblesse et peuple, qui composent cette petite nation.

Un député apostolique nouvellement arrivé de Rome s'en allait présenter ses lettres de créance au Patriarche maronite. Plusieurs personnages l'accompagnaient, dont un cheikh. Chemin faisant, tandis que le cortège chevauchait à travers les sentiers rocailleux, le délégué vit un homme embrasser une femme à l'ombre d'un mûrier. Ce spectacle ne parut pas le choquer. A table, au cours du dîner, il dit au Patriarche : « Éminence, je suis heureux de constater que les Libanais conservent toujours le véritable esprit du christianisme. Tout à l'heure, j'ai vu une femme et un homme s'aborder et s'embrasser suivant la parole de saint Paul : embrassez-vous fraternellement les uns les autres. Votre beau pays me semble un Paradis. »

Le cheik à qui l'on traduisit le propos se tourna vers le Patriarche : « Je prie Votre Béatitude de dire au délégué que s'il s'était arrêté plus longtemps, il aurait vu cette fraternité s'accuser de manière à le reporter plus clairement encore à l'origine des êtres. »

Note 13, page 170 : — Cette femme, par ailleurs, nous la connaissons. C'est la célèbre sainte de l'Islam, Rabîa Adawiyya, née à Bacra, au huitième siècle de notre ère. Quelqu'un qui la voyait courir avec rapidité tenant d'une main sa torche de feu et de l'autre sa cruche d'eau lui dit : « O dame du monde futur, où courez-vous? » Elle répondit : « Je vais mettre le feu au Paradis et éteindre l'Enfer, afin de faire disparaître ces deux voiles qui nous masquent la route du seul et vrai but, qui est la réunion avec Dieu. » J'ai beaucoup entendu parler de cette femme intéressante à Konia. Un jour qu'elle était tombée malade, « c'est, dit-elle, que je savourais les joies du ciel et mon bien-aimé m'a punie. » Attar raconte un dialogue de cette sainte, avec deux autres personnages d'une haute piété, sur la sincérité dans la foi. Le premier dit : « Celui-là n'a pas vraiment la foi qui ne supporte pas patiemment les épreuves que le Seigneur lui inflige. » Rabia réplique : « Cette façon de parler sent l'égoïsme. » Le second opine : « Celui-là n'a pas vraiment la foi qui ne supporte pas dans la joie les épreuves que le Seigneur lui inflige. » Et Rabia de déclarer : « Celui-là n'a pas vraiment la foi qui n'oublie pas toute souffrance dans l'enivrement de contempler la face de son Seigneur. » Quand elle fit le pèlerinage de la Mecque, elle fut pleine de dédain : « J'aperçois des briques et une maison de pierre, dit-elle. De quel profit cela saurait-il m'être? C'est vous, Seigneur, que je cherche. »

Note 14, page 196 : — Le texte le plus important que nous possédions de cette passionnante propagande intellectuelle organisée contre Hasan-Sabah et ses séides par Nizam-el-Mulk et par le génie de Ghazâli, c'est *Le préservatif de l'erreur*. Ghazâli a écrit là une sorte d'autobiographie morale, en son genre une des plus curieuses qu'on connaisse en arabe et qui vaut, sur un autre plan, celles d'Ibn Khaldoun et de l'émir syrien Ousâma, qui fut l'ennemi des croisés. M. C. Barbier de Meynard l'a traduite. J'en ai causé avec mon ami Henri Massé, l'orientaliste. Voici le commentaire qu'il m'en faisait et que je joins entre parenthèses à une analyse du traité de Ghazâli. Avec quel plaisir on s'initie aux pensées subtiles qui, dans le cerveau féroce d'un Hasan, s'emmêlaient aux desseins criminels.

[Ghazâli explique à son auditeur que c'est la recherche de la vérité qui l'a amené à étudier les croyances des différents partis :] 1° théologiens scolastiques, qui se disent les disciples du raisonnement et de la spéculation; 2° mystiques (Baténi) [je traduirais plutôt : *ésotéristes*] ou tâlimites (ismaéliens) qui doivent toutes leurs connaissances à l'enseignement de l'imâm; 3° philosophes, qui prétendent s'appuyer sur la logique et les preuves; 4° soufis [à proprement parler : mystiques], qui se disent élus de Dieu et possesseurs de l'intuition et de la connaissance du vrai (par l'extase)

« Commençant par la science théologique, je l'étudiai et la recueillis avec soin. » [Ghazâli donne les raisons pour lesquelles il la trouva insuffisante.]

« Je passai de l'étude de la théologie scolastique à celle de la philosophie... Je consacrai à ce travail tous les loisirs que me laissaient mon enseignement et la composition de mes écrits juridiques. J'avais l'honneur de compter alors à mon cours trois cents auditeurs parmi les étudiants de Bagdad. Avec l'aide de Dieu, ces lectures faites à la dérobée me mirent en état d'approfondir les systèmes philosophiques en moins de deux années. Je passai encore une année environ à méditer sur ces doctrines après les avoir bien comprises. » [Ghazâli donne le résumé de ses études philosophiques.]

« Après m'être livré à une étude complète et approfondie de la philosophie et avoir réfuté ses erreurs, je compris qu'elle ne répondait pas entièrement aux exigences de ma tâche, parce que la raison ne peut ni embrasser toutes les questions ni soulever le voile de tant d'énigmes. Une secte de novateurs, celle des tâlimites (les ismaéliens) venait de se produire. On répétait partout que ces novateurs se disaient en possession de la vérité, grâce à un imâm impeccable qui la proclame et la défend. Je conçus alors le désir de connaître cette doctrine en étudiant les livres qui la renferment. Sur ces entrefaites, un ordre venu du calife m'enjoignit de composer un ouvrage où elle serait exactement exposée. Cet ordre, auquel je ne pouvais d'ailleurs contrevenir, fut comme une impulsion extérieure qui m'engagea à réaliser le projet que je méditais en secret. Je me mis donc à la recherche de leurs livres et je recueillis l'exposé de leurs doctrines. Ayant été informé que certains principes nouveaux s'étaient fait jour dans cette secte et s'éloignaient des croyances adoptées par leurs ancêtres, je recueillis leurs écrits, je les disposai dans un ordre régulier de nature à en faciliter l'examen, et je les discutai ensuite d'une façon catégorique. »

[Ghazâli expose, en les réfutant, les doctrines tâlimites (ismaéliennes). Puis il ajoute :]

« D'ailleurs, je ne me suis pas proposé de démontrer ici la fausseté des opinions des tâlimites. J'ai déjà traité cette question : 1 dans mon livre *El Moustacheri;* 2° dans la *Preuve de la vérité,* qui est une réponse à certaine théorie tâlimite dont j'eus connaissance à Bagdad ; 3° dans l'*Exposé des contradictions,* traité divisé en douze chapitres, où je réfute certaines opinions qui me furent opposées à Hamadân ; 4° dans le *Kitâb el Dourdj,* ouvrage divisé en tableaux, qui expose une controverse fort épineuse que je soutins contre eux à Thous ; 5° enfin dans la *Balance,* ouvrage *sui generis,* où je trace la règle des sciences religieuses, et où je démontre combien un imâm est inutile à ceux qui possèdent cette règle. Tout ce que j'ai voulu prouver ici, c'est que les tâlimites n'ont aucun secours contre l'erreur, aucun moyen d'éviter la confusion des opinions.

« L'examen de ces doctrines terminé, je m'appliquai à l'étude du soufisme... Je vis qu'on ne pouvait espérer faire son salut que par la piété et la victoire remportée sur les passions, ce qui suppose, en premier lieu, le renoncement et le détachement de ce monde de mensonge pour se tourner vers l'éternité et la méditation en Dieu ; enfin qu'on ne pouvait y réussir qu'en sacrifiant les honneurs et les richesses, et qu'en rompant les attaches et les liens de la vie mondaine. Faisant un retour sur moi-même, je me vis entouré et enserré de toutes parts dans ces attaches.....

« Je sondai le fond de mon cœur et je vis qu'au lieu d'être sincèrement consacré à Dieu, il n'était stimulé que par le vain désir de l'honneur et de la réputation... En proie à mes incertitudes, un jour, je me décidais à quitter Bagdad et à tout abandonner ; le lendemain, je renonçais à ces projets ; je faisais un pas en avant et revenais aussitôt en arrière. Je restai ainsi, tiraillé entre les attraits des passions mondaines et les aspirations religieuses, pendant six mois environ. A cette époque, ma volonté céda et je m'abandonnai au destin. Dieu venait d'enchaîner ma langue et m'empêchait de professer. Vainement aurais-je voulu, dans l'intérêt de mes élèves, reprendre mon cours, ne fût-ce qu'un jour ; ma bouche demeurait muette et sans voix. Le silence auquel j'étais condamné me jeta dans un désespoir violent... » [Ghazâli raconte qu'il tomba malade.] « Enfin, sentant ma faiblesse et l'accablement de mon âme, je me réfugiai en Dieu... J'annonçai le projet de me rendre à La Mecque, mais je méditais intérieurement d'aller en Syrie, ne voulant pas que ni le khalife ni mes amis connussent ma résolution de me fixer dans ce pays. J'employai toute sorte de ruses pour quitter Bagdad, avec l'intention formelle de n'y plus revenir. Les imâms d'Irak me critiquèrent d'un commun accord ; aucun d'eux ne pouvait admettre que ce sacrifice eût un mobile religieux... Enfin je quittai Bagdad en abandonnant toute ma fortune... Je me rendis alors en Syrie et j'y demeurai près de deux ans, vivant dans la retraite, le recueillement et les exercices de piété... Vivant solitaire dans la mosquée de Damas, je montais au minaret et j'y passais mes journées après avoir fermé la porte sur moi. De là je me rendis à Jérusalem et, chaque soir, j'allais m'emfermer dans le sanctuaire du rocher. Ensuite, je sentis en moi le désir d'accomplir le pèlerinage.... j'allai dans le Hedjar. Les aspirations de mon cœur, les prières de mes enfants me ramenèrent enfin dans ma patrie, moi qui étais d'abord si fermement résolu à ne plus la revoir. Du moins avais-je l'intention d'y vivre solitaire et de m'y recueillir en Dieu... Dix années se passèrent de la sorte : pendant ces retraites successives, il me fut révélé des choses qu'il m'est impossible d'énumérer. Tout ce que j'en dirai pour l'édification du lecteur est ceci : je sus, de source certaine, que les Soufis sont les vrais pionniers de la voie de Dieu...

« Je persistai dans mes idées de retraite... Mais Dieu en décida autrement : le souverain d'alors [le sultan seldjoukide de Perse, Mohammed, fils de Malikchah], mû par une impulsion intime, indépendante de toute influence extérieure, me donna l'ordre exprès de revenir à Nichapour, afin de combattre l'affaiblissement des croyances. L'ordre était si formel que je n'eusse pu y contrevenir sans m'exposer aux dernières rigueurs.

« En conséquence, je partis pour Nichapour avec l'aide de Dieu, afin de remplir cette mission au mois de ihoul-kaadeh 499 (juillet 1106). Mon départ de Bagdad ayant eu lieu au mois de ihoul-kaadeh de l'année 488 (novembre 1095), la durée de ma retraite avait été de onze années. Ce départ, dont Dieu seul fut l'instigateur, est un décret de sa providence... Je déclare d'ailleurs qu'en reprenant mon enseignement, je ne retourne pas vers le passé. « Retourner » signifie : revenir à ce qui était déjà. Autrefois, je l'avoue, j'enseignais des sciences qui mènent aux honneurs ; l'ambition inspirait mes paroles et mes travaux... Mais aujourd'hui, la science que je professe apprend à renoncer aux honneurs et à les mépriser... Je ne cherche qu'à me rendre meilleur, moi et mes coreligionnaires avec moi. »

Que de pensées éternelles, que d'angoisses communes aux meilleurs dans toutes les races ! Ghazâli reproche, si je le comprends bien, aux chefs doctrinaux de l'ismaélisme, leur manque de désintéressement. Trop évidemment un Hasan Sabah (et les divers chefs de cette maçonnerie, à tous les étages de l'initiation), poursuivent les honneurs, le pouvoir. Ce sont des ambitieux. Et puis Ghazâli flétrit le séidisme.

M. Félix Arin vient de traduire le bel ouvrage de Goldziher *le Dogme et la Loi de l'Islam*. J'en extrais ces lignes :

« Le caractère philosophique du système des ismaéliens ne les a pas libérés des vues étroites qui sont caractéristiques du chiisme, en général...

« D'abord le crédit illimité accordé aux *autorités*, qui cadre avec la théorie de l'imâm, est poussé chez eux à l'extrême. L'ismaélisme reçoit aussi pour cette raison le nom de talîmiyya, « le discipulat », c'est-à-dire la dépendance absolue de l'autorité enseignante de l'imâm, par opposition à la légitimation de la recherche individuelle et à l'élément collectif de l'*idjmâ* [*consensus*]. Ghazâli le combat sous ce nom de talîmiyya dans plusieurs écrits, entre autres sous la forme d'un dialogue platonicien qu'il a avec un représentant de la talîmiyya. [*C'est l'opuscule appelé : « la Balance juste ».*] Interprétant allégoriquement les lois du Coran, les Ismaéliens n'y découvrent que les formes sous lesquelles est requise la soumission à la puissance de l'imâm. A ce culte de l'autorité se rattache aussi le devoir de l'obéissance absolue envers les supérieurs qui, particulièrement chez les Assassins, ce rameau du mouvement ismaélien, apparaît sous la forme d'un véritable terrorisme. »

Note 15, page 207 : — C'était comme astrologie que l'astronomie de Khayyam était encouragée, protégée, subventionnée par les princes. D'ailleurs, il en fut ainsi, en Occident même, jusqu'au dix-septième siècle. Kepler était encore classé comme astrologue. Khayyam croyait certainement à l'astrologie. Il relevait sous quelle étoile la naissance, les événements, etc.

Note 16, page 210 : — On pourrait me contester qu'il y ait aucun rapport entre le Zarathoustra et Zoroastre. On pourrait me dire : « Nietzsche a pris Zoroastre comme il eût pris Confucius. » Non, à bien voir, nous trouvons dans l'*Avesta* des éléments qui se rapprochent de la théorie des devoirs du surhomme selon Nietzsche. Le surhomme, d'après Nietzsche, doit être bon par définition, mais de cette bonté supérieure qui suppose des formes méchantes. De même dans l'*Avesta*, le principe du bien revêt éventuellement des formes qui, à première vue, nous paraissènt sauvages et qui aboutissent à des fins excellentes.

Note 17, page 212 : — La question de l'imâmat de Nizar se trouve clairement résumé par Casanova, aux pages 130 et 131 de son article publié dans le *Journal asiatique* (janvier-mars 1922, un nouveau manuscrit de la secte des Assassins.) Nous avons connu cette page trop tard pour pouvoir en profiter.

Note 18, page 244 : — Nous pouvons bien être sûrs que Sinan ne recula pas plus devant les fraudes et les faux miracles que devant les assassinats. Il ne semble pas qu'en Orient les mensonges déclassent un homme. Dans toutes les biographies des personnages les plus réellement enthousiastes, chez les grands apôtres et poètes de l'Islam, on croit distinguer de faux jeûnes, de fausses blessures volontaires, tous les prestiges des escamoteurs, une masse de pratiques i certaines, toute une large zone morale entre le clair et l'obscur. Nous sommes loin de l'homme net et du gentleman, loin de la moralité d'un Saint Louis et de la rigueur scientifique. Rachid eddin Sinan mentait grossièrement et continuellement. C'était un vrai charlatan. Il ne faut pas le juger d'après nos idées actuelles. Pour lui et pour tous ces grands hommes de l'Orient dont le manque de scrupule nous offense, il s'agit d'émouvoir les imaginations et de persuader des êtres qui veulent des signes. Nos hommes politiques pour qui tous les moyens sont bons peuvent nous mettre dans la voie d'apprécier avec plus d'équité un Rachid-eddin Sinan, un Hasan et un Abdallah.

Note 19, page 265 : — Je me rappelle dans cette nuit, sous les oliviers, le bruit des moukres. On voudrait pénétrer cette humanité hiérarchisée des moukres. Il y a celui qu'on appelle Derviche, tout jeune avec une figure sympathique, et qui se plaît à exprimer la fatigue. Puis un jeune Syrien gras. Un autre, avec une sorte d'étole rouge brodée sur sa robe bleue et une calotte brodée. Il est toujours couvert de sueur, inintelligible et désespéré. S'il tient par la bride mon cheval, il le tient sans lui permettre de regarder à terre, ni de juger les pierres ; et fatalement le cheval bute ; alors il s'écrie : « Je suis malheureux, je voudrais plaire à mon Seigneur, et Allah m'en empêche. » Son but, son moyen, c'est de conquérir des sympathies. A cet effet, il use de mille ressources et par exemple d'un jeu de figure qui donne à croire qu'il a à se plaindre des autres moukres. On dirait d'un orphelin qui met en nous seul son espoir.

Note 20, page 281. — Quel accueil plus que sûr, parfaitement aimable, empressé, j'ai reçu dans tout ce pays ! On me l'avait dépeint parfois comme assez dangereux. Je pensais que j'y pourrais trouver des couleurs pour raconter la mort du colonel Boutin, cet ancien soldat de la Grande Armée, qui fut égorgé par les Ismaéliens ou les Nosséïris et vengé avec éclat par lady Esther Stanhope. Encore elle ! Un beau livre à écrire, cet épisode, Pierre Benoit.

Note 21, page 291 : — Qu'il me soit permis de renvoyer ici le lecteur qui m'approuve et veut en savoir davantage, au rapport que j'ai eu l'honneur de présenter à la Chambre au nom de la Commission des Affaires étrangères : *Faut-il autoriser les congrégations? Les Frères des écoles chrétiennes?* (Librairie Plon.)

Note 22, page 296 : — Je ne résiste pas à l'idée de proposer en passant cette mode à nos élégantes. Quelles figures leur plairait-il de faire broder en couleur éclatantes sur leurs châles, leurs écharpes? Un joli sujet d'enquête au Levant et au couchant.

Note 23, page 298 : — Pierre Benoit m'écrit de Galaat el Hoesn : « Je n'ai pu retrouver ici les vers latins que vous citez. Mais j'en ai découvert quatre autres, tout aussi nervaliens... » Attendons...

J'aimerais dans cette chaîne des rapprochements, demander au lecteur si la strophe de Nerval que je cite à la page 75 du tome Ier ne lui rend pas un accent de la strophe de Voltaire dans la première version de sa fameuse pièce : « *Si vous voulez que j'aime encore...* »

> Que le matin touche à la nuit !
> Il n'eut qu'une heure, elle est finie.
> Nous passons : la race qui suit
> Déjà par une autre est suivie.

Note 24, page 310 : — Les Ismaéliens et les Nosséïris, après la mort de Hasan Sabah, devaient se diviser de nouveau et dépérir. Mais la France, à cette heure, les unifie dans une prospérité qu'ils n'avaient jamais connue. Qu'il me soit permis de noter comment, à la minute même (septembre 1923) où je corrige les épreuves de cette page, je reçois de ce pays des Alaouites un télégramme signé des chefs de toutes les religions, chefs indigènes, archevêque catholique, pasteur protestant, me remerciant tous d'être intervenu pour favoriser la résistance acharnée qu'ils opposent à une mesure maladroite. On voudrait rattacher aux États d'Alep et de Damas leur jeune État alaouite. Ils proclament leur attachement à la France. Leur autonomie et la direction de la France peuvent seules les sauver de la prépondérance sunnite dont ils ont eu tant à souffrir

NOTES

DU TOME SECOND

Note 1, page 10 : — M. Henri Bernès signale (à M. Gaston Milhaud) que ce beau *Semina scientiæ, ut in silice* est sans doute une réminiscence virgilienne du *Semina flammæ Abstrusa in venis silicis.*

Note 2, page 16 : — Quel livre intéressant à lire, une histoire des sœurs Mariamettes, leur fondation, leur règle, leur recrutement, un tableau de leur vie quotidienne, quelques portraits. Je voudrais pouvoir être cet historiographe.

Note 3, page 17 : — Voir mon rapport sur le projet de loi tendant à autoriser la congrégation missionnaire des Franciscains français (Plon, éditeur).

Note 4, page 40 : — Je donne le bon à tirer de cette page, en octobre, à Spire sur le Rhin et je viens d'y visiter l'église luthérienne de la Protestation, élevée sur le lieu où les protestants reçurent leur nom.

Note 5, page 50 : — Sur le Père Joseph, l'une des gloires de notre dix-septième siècle, qu'il me soit permis de citer quelques lignes de mon rapport sur les Franciscains (*Faut-il autoriser les congrégations?* Plon, éditeur). On y verra comment la pensée de ce grand homme demeure la pierre fondamentale, la base même, de toutes ces missions françaises qu'au long de cette enquête nous visitons :

C'est au père Joseph, ai-je écrit pour la Chambre, que

revient la gloire d'avoir conçu le plan général des missions catholiques françaises et d'avoir organisé la mission des Frères Capucins du Levant. Si nous écrivions toute l'histoire des missionnaires français, au lieu d'en esquisser quelques chapitres, c'est cette grande figure que nous devrions placer en tête d'un tel livre. Ce puissant et assez mystérieux Père Joseph, à la fois grand homme d'État et mystique et qui se tient toujours au second plan dans l'ombre, a conçu ce que pouvait être la propagande catholique française et il a commencé à la créer avec ses frères capucins dans les Échelles du Levant. Quel beau type de Français ardent et réfléchi, plein d'enthousiasme et de raison, vraiment le frère d'un Descartes. Disciple du mystique Benoît de Canfeld et auteur d'une *Introduction à la vie spirituelle*, toujours frémissant et sur le trépied ainsi que le peint Henri Bremond, le Père Joseph se gardait pourtant de s'enfermer en sa chétive personne. « En oraison, disait-il, il ne faut pas tant s'occuper à se débarbouiller soi-même, qui n'est souvent que se barbouiller davantage et faire croître sa plaie en la grattant. » Une vue plus large se découvrait à lui : celle de toute l'humanité appelée à l'unité de la foi chrétienne ; « O bras, s'écriait-il, plus étendus que tous les cieux, qui ne contiennent pas seulement dessous leurs voûtes arrondies tous les siècles ensemble, mais les créatures distribuées d'âge en âge. » Et il brûlait de révéler au monde la splendeur de cette vision unifiante, par la prédication de ses missionnaires. Écoutez-le : « Si les vrais frères mineurs, qui portent en leur habit la couleur et l'âpreté de l'aigle, grisâtre et malpeignée, savent conserver la loyauté et la prééminence de leur vie spirituelle, lors ils seront en leur beau jour ; les hommes couverts de sacs tiendront lors la pointe dans cette belle troupe d'aigles ; ils s'étendront d'un vol hardi à prêcher la gloire de Dieu hors la solitude, parmi les ennemis les plus farouches ; à la façon de l'aigle, oiseau royal, ils porteront en la bouche le foudre flamboyant. »

Il entreprit donc de prêcher en France aux Huguenots du Poitou, du Dauphiné, des Cévennes, etc... et en même temps hors de France, dans les Iles britanniques et aux Échelles du Levant. Il eut d'abord, et c'est un des traits saisissants du caractère de ce beau personnage, à la fois grand religieux et grand Français, il eut d'abord à établir les droits du roi en face de ceux du pape.

Le pape Grégoire XV avait fondé en 1622 la congrégation de la Propagande, qui est le ministère pontifical des missions étrangères. Il tendait ainsi à assumer directemen- le contrôle des missionnaires et à organiser des missions internationales dont les membres, détachés de leur couvent et de leur pays d'origine, ne relevassent plus que du pontife romain. Les rois de France au contraire s'efforçaient de constituer des missions françaises, qui fussent assurées de recevoir de France leur personnel, leurs ressources et leur direction.

Lorsque, vers 1618, Louis XIII autorisa les Récollets (c'est-à-dire les Franciscains) de la province de Saint-Denis en France à établir des couvents de leur ordre au Canada, il leur signifia que tous ces couvents du Canada seraient « sous l'obédience du dudit père provincial de la province de Saint-Denis en France, et non d'autre. » C'est pourquoi, poursuivait-il, « nous avons dit et déclaré, disons et déclarons par ces présentes signées de notre main notre intention et volonté que le père provincial de la dite province de Saint-Denis en France, seul puisse et lui soit loisible d'envoyer au dit pays de Canada autant de ses religieux Récollets qu'il jugera être nécessaire, et quand bon lui semblera. »

Entre ces deux doctrines, le Père Joseph, également dévoué au pape et au roi, s'efforça de trouver un moyen terme et il obtint en effet de la cour de Rome, en 1625, puis en 1633, que les missions françaises seraient dirigées de France par un Français également agréé du roi et du pape : c'est ainsi qu'il reçut de la Propagande le titre de préfet des missions françaises à l'étranger et qu'il en exerça jalousement les fonctions jusqu'à sa mort, avec l'aide du Père Léonard, son confrère. « Un custode résidant à Constantinople et nommé par eux exerçait en leur nom leur autorité dans la mission ; de temps en temps un visiteur de leur choix était envoyé pour s'assurer du bon état de la mission et de la fidèle observance des règlements portés par eux (a). »

(a) *Le Père Hilaire de Barenton. La France catholique en Orient.* Paris, 1902.

« Le Père Joseph n'admettait pas que les missionnaires français revinssent d'Orient à Rome sans son autorisation; il n'admettait pas davantage que des missionnaires étrangers fussent envoyés par la cour de Rome à Constantinople sans le consentement du roi. Et le cas échéant, il les faisait rembarquer. En outre, il fit décider que les missionnaires durant leur séjour à l'étranger resteraient attachés à leurs provinces d'origine et soumis à leurs supérieurs métropolitains : les missions de Grèce (qui devaient comprendre la Thrace, la Roumanie, l'Asie Mineure, la Crète et l'Archipel) relevaient de la province de Paris; celles d'Égypte, d'Alep, de Mésopotamie et de Perse, de la province de Touraine; celles de Palestine et de Beyrouth, de la province de Bretagne. La mission dépendait de la province monastique comme une colonie de sa métropole.

Après la mort du Père Joseph en 1638 et la démission du Père Léonard en 1640, la Propagande s'efforça de desserrer ces liens et, de son autorité propre, nomma un ancien custode de Constantinople, le Père Archange des Fossés, préfet des missions conjointement avec le Provincial élu. La province de Paris réclama aussitôt la démission du Père Archange. Après sept ans de négociations le petit roi Louis XIV écrivit aux cardinaux d'Este et Grimaldi :

« Mon cousin,

« Jugeant qu'il est nécessaire que la direction des missions que les pères Capucins de mon royaume ont au « Levant, Canada, Angleterre et autres lieux, tant au dedans de la France qu'en dehors, par mes aumônes et sous « mon autorité, soit remise entièrement à la conduite de « leur père Provincial, conjointement avec les définiteurs « de chaque province, sans que le Père Archange du Fossé, « ni quelque autre s'en puissent mêler en aucune manière, j'ai « ci-devant ordonné que les lieux où ils sont établis dans « les pays étrangers par mon moyen et les aumônes qui leur « sont départies, soient dirigés par les dits provinciaux et « définiteurs, et que messieurs les ambassadeurs et consuls « de la nation ne reçoivent pas d'autres Capucins que ceux « qui seront envoyés par eux. C'est pourquoi je vous écris « la présente par l'avis de la reine régente, Madame ma mère,

« pour vous prier de faire en sorte que la congrégation de la « Propagation de la foi (on dit aujourd'hui de la Propagande) « donne aux susdits provinciaux et définiteurs à l'exclusion « de tout autre la préfecture qui leur est nécessaire. »

Cette lettre produisit son effet. Le Père Archange donna sa démission, et il fut convenu que seuls désormais les provinciaux seraient nommés préfets.

Les choses ont bien changé depuis. Les congrégations une fois supprimées en France au cours de la Révolution, force fut bien de transférer hors de France la préfecture des missions. En 1790 le Père Hubert d'Amiens, supérieur de Smyrne, fut nommé Custode de la province de Constantinople et préfet des missions. Il eut pour successeur en 1813 un Marseillais, le Père Sébastien-Marie d'Assise, qui mourut en 1818, puis en 1821, après trois ans d'interruption, le Père Michel-Ange de Briançon qui fut le dernier préfet français : il laissa derrière lui le Père Alexis d'Arras qui vécut jusque vers 1830, et fut le dernier représentant de l'ancienne mission des capucins français. Deux cent six ans de labeur aboutissaient à cette ruine, et toutes les fondations de la France tombaient en mains italiennes. Toutes, même Saint-Louis, l'Aumônerie de l'ambassade de France à Constantinople (qui ne revint en mains françaises qu'en 1881).

Il n'y a plus ni en France ni même à Constantinople un préfet des missions françaises. La cour de Rome s'est réservé le gouvernement de toutes les missions, et nul ne conteste plus, — la France moins qu'aucune autre puissance, depuis qu'elle a, par la loi de séparation des Églises et de l'État, abrogé la loi du 18 germinal an X « ensemble, les Articles organiques » — nul, dis-je, ne conteste plus cette autorité de la Propagande à laquelle le Père Joseph avait si habilement et si énergiquement tracé ses limites : « La congrégation de *Propaganda fide*, lit-on au canon 252 du code canonique, est à la tête des missions pour la prédication de l'Évangile et de la doctrine catholique ; elle établit et change les ministres nécessaires ; elle a pouvoir de traiter, exécuter et poursuivre tout ce qui est nécessaire et opportun en la matière. »

Est-ce à dire qu'il ne reste rien des précautions du Père

Joseph et de tout ce passé que nous avons décrit? Non pas. Quelque chose en subsiste. L'intervention de l'État n'est plus admise dans l'administration des missions, la Propagande romaine est investie d'une autorité souveraine; mais la Propagande n'exerce cette autorité que de concert avec les pouvoirs constitués de chaque congrégation. C'est la Propagande romaine qui nomme les vicaires et préfets apostoliques, mais elle ne les nomme pas sans avoir pris l'avis des missionnaires qui leur seront soumis. C'est elle qui envoie les missionnaires; mais ces missionnaires lui sont désignés par leurs supérieurs réguliers, c'est-à-dire, dans le cas présent, par leur provincial. Car, aujourd'hui comme autrefois, — ce point est capital, — chaque province a ses missions propres. Et si vous lisez, messieurs, dans l'exposé des motifs du projet de loi relatif aux missionnaires du Levant, que la province de Paris doit subvenir aux besoins des missions de Constantinople et du Rajpoutana; la province de Toulouse, aux besoins de l'Abyssinie, de Djibouti, du Canada et du Matto-Grosso (Brésil); la province de Lyon, aux besoins de la Cilicie, de la Syrie et de la Mésopotamie; la province de Chambéry, aux besoins du Rio Grande do Sul au Brésil, ce n'est point par artifice, comme certains l'ont pensé, et pour justifier tant bien que mal le grand nombre d'établissements demandés par la congrégation, mais par l'effet d'une longue tradition dont les origines remontent aux mesures prises par le Père Joseph du Tremblay sous le ministère du cardinal de Richelieu, pour la protection des missions françaises contre la mainmise de l'étranger...

Ainsi se trouve sauvegardé, malgré le dessaisissement de l'État, le caractère national des missions. Sauvegardé! Dans la mesure du moins où l'État veille à ses intérêts, d'une part en entretenant des relations diplomatiques avec le Saint-Siège, de l'autre en assurant aux congrégations un recrutement national et des services de l'arrière en territoire national. Car, pour que le provincial de Paris constitue comme il convient la mission de Constantinople, et le provincial de Lyon, la mission de Syrie, et le provincial de Toulouse, la mission de l'Abyssinie, et le provincial de Chambéry, la mission du Brésil, il ne suffit pas, vous l'entendez bien, que ces religieux portent les titres de provinciaux de

Paris, de Lyon, de Toulouse, de Chambéry, en végétant hors de France et en recrutant des Suisses, des Italiens, des Canadiens ou des Espagnols : il faut qu'ils aient leur siège en France et qu'ils recrutent des Français...

Note 6, page 100 : — En toute bonne volonté, par la plus lointaine des traductions à deux degrés, en me servant des bons travaux anglais de Whinfield, qu'il me soit permis de rechercher dans le Mesnévi un écho des dialogues que pouvaient avoir Djélal-eddin et Chems-eddin. Celui-ci par exemple sur l'extase qu'on obtient par la danse :

Cet être précieux entre tous, Chems-eddin, me saisit par mon vêtement, qui fleure le même parfum que le vêtement de Yousouf, et me dit : « Au nom de notre amitié, je te demande de nous donner un aperçu des transports de l'extase et de réjouir ainsi, de réjouir cent fois, le Ciel et la Terre, l'Esprit et la Raison. »

Je dis : « O toi qui es séparé de l'Ami, ô toi qui es comme un malade loin de son médecin, ne songe pas à venir m'importuner tandis que je suis hors de mon moi. Alors, mon intelligence a quitté mon corps et je ne saurais rien chanter. Que l'on s'abstienne de rien demander, sous quelque prétexte que ce soit, à celui dont l'âme est ailleurs! Dans cet état, tous ses efforts sont vains, et il est assez clair que, quoi qu'il puisse proférer, il n'y est pas. Que me demanderait-on, au moment où en moi il n'est plus une fibre qui réagisse? Et comment expliquerais-je l'Ami à quelqu'un qui n'est pas avec l'Ami? Le chant que je chanterais à sa gloire Lui serait une injure, car il prouverait que j'existe alors que l'existence est une erreur. Et comment m'y prendrais-je pour dire mon arrachement du milieu des choses et mon cœur saignant? Non, non!... C'est assez et remettons à un autre jour! »

Il dit : « Rassasie-moi, car je suis affamé. Et puis, le présent est redoutable (a)*, ô mon frère, et le soufi est le fils du*

(a) Le soufi est « le fils du présent », parce que le soufi est un énergumène qui, *sur le moment,* durant les transes, est l'instrument tout passif de la volonté divine. « Le présent est redoutable », parce que l'énergumène ne peut, tant que dure l'extase, se refuser à l'exécution des plus terribles décrets de la volonté divine.

présent. Ce n'est pas la loi du soufi de dire : Demain! On perd son argent à faire crédit. »

Je dis : « Mieux vaut infiniment taire les secrets de l'Ami. Que l'on médite la morale qui se dégage de mes historiettes plutôt que de vouloir que les secrets de l'Ami soient livrés aux bavardages des profanes. »

Il dit : « Parle, je t'en prie, sans feinte ni fourberie. Parle et ne me contrarie pas plus longtemps, homme de beaucoup de paroles! Dépouille tout artifice et parle, parle! Car ne suis-je pas admis dans le lit du Bien-Aimé? »

Je dis : « Si le Bien-Aimé était exposé aux regards des profanes, tu ne connaîtrais ni sa beauté ni ses embrassements. Insiste si tu veux, mais avec prudence! Le roc est impénétrable au brin d'herbe. Si le soleil venait à se rapprocher de la terre, la terre serait consumée. Ta bouche! Tes yeux! Ferme la bouche et ferme les yeux sur ce sujet, si tu ne veux pas que l'univers ne soit plus qu'un cœur saignant. Ne recherche pas plus longtemps le danger (Le Mesnévi. Livre I).

Note 7, page 104 : — N'est-ce pas en songeant à cette mort de Chems-eddin que Djélal-eddin écrit : « Tu es comme un oiseau qui poursuit son vol avec ivresse, et voici que le destin lance à ta poitrine le trait du malheur. »

Note 8, page 105 : — Ah! puissè-je comprendre les sentiers spirituels de l'Orient et ses mystérieuses filiations. Un Djélal-eddin a reçu l'initiation de Férid-eddin Attar; il est en accord parfait avec Sana'i; il a rencontré Saadi. Existe-t-il quelque lien entre lui et Omar Khayyam, ai-je demandé à M. Clément Huart? Il me répond que cela ne peut s'établir, mais que c'est possible. Dans ce moment, on n'en est encore qu'à publier les textes. A remarquer pourtant que Djélal-eddin est un orthodoxe, non pas un chiite; il a tout fait pour accorder sa pensée avec le mahométisme orthodoxe : de là sa vogue dans l'empire ottoman et son inexistence pour la Perse.

Je pressens que le creuset originaire et la marmite infernale, c'est Alamout... Formule excessive, oui, mais j'ai pour moi cette phrase de Massignon : « Il est probable que la formation des ordres religieux dérive, comme celle des corpérations de métier, de la propagande qarmate des daïs ismaéliens. »

Note 9, page 106 : — Les cris de l'Orient. Dressons leur échelle, leur ascension. Comme mon voyage se trouve avoir été bien organisé ! Cela commença par les youyous des femmes du Liban, joyeux, stridents, déjà un peu démoniaques dans les gorges de la montagne (Voir le chapitre v du tome Ier).

Note 10, page 107 : — Djélal-eddin, Chem-eddin n'ont jamais ignoré les dangers de leur méthode. C'est au milieu des embûches qu'ils conquièrent leurs hautes destinées spirituelles. Plus prudents que leurs disciples, ces grands esprits voyaient parfaitement ce qu'il y a d'anormal dans ces excitations où les séances du concert spirituel jettent le fidèle. Suggestions traversant comme un éclair le cœur, et le cœur charnel ; étincelles tirées d'un silex qu'on frappe ; illuminations, jeux avec le feu. C'est la vie dangereuse. Dans son admirable livre sur Al Hallâj, M. Massignon nous donne un grand texte de ce martyr : « Le concert spirituel, a dit Al Hallâj, c'est du dehors une commotion, et c'est du dedans un avertissement. Qui sait saisir l'allusion divine a le droit de puiser dans le sama un avertissement. Mais, à vouloir l'imiter sans comprendre, on attire sur soi une commotion, on s'expose à l'épreuve ; on rend les rênes à une suggestion de délectations ; on est comme celui qui se tue de sa propre main. »

Note 11, page 117 : — Une fois encore, je songe à Élie, qui voit passer Dieu : une tempête, un tremblement de terre, un feu... Rien de ces trois épouvantes n'est Dieu. Mais après le feu, c'est un petit bruit doux et léger. A ce signe, Elie reconnaît Dieu et se voile la face. Ainsi le divin apparaît dans la légende de Djélal-eddin quand cette douceur commence.

Note 12, page 124 : — Chems-eddin et Djélal-eddin ayant trouvé à Konia une tradition musicale jugèrent que la musique et la danse ét .ient des adjuvants, des fouets pour les forces mystiques. Ils n'ont pas inventé le concert, ils l'ont purifié et sublimisé. Comment fixer dans cette méthode la part de chacun d'eux?

La mère de Djélal-eddin, originaire de Samarcand, l'excitait à la musique. C'est ainsi qu'au début du concert spirituel, il dansait à l'orientale, en faisant de légères contorsions du corps, en même temps que des mouvements du bras; mais Chems-eddin lui montra la danse rituelle circulaire. Ainsi l'on voit leur collaboration en quelque sorte physique. Ils ont aussi collaboré dans l'idée qu'ils se font du concert.

Un jour Djélal-eddin dit : « L'Asie Mineure est le meilleur des climats, mais les habitants en étaient ignorants de l'amour mystique adressé au véritable Maître du pouvoir. Nous avons été retirés du Khoraçan pour venir au milieu d'eux comme la pierre philosophale, de sorte que nous les transmutions alchimiquement et qu'ils deviennent confidents de la gnose et compagnons des mystiques du monde entier. Lorsque nous vîmes qu'ils n'inclinaient en aucune manière dans la voie de Dieu, et qu'ils restaient privés des mystères divins, nous leur enseignâmes ces idées par la voie gracieuse du concert spirituel et de la poésie, choses conformes à leur goût car les habitants de l'Asie Mineure sont des gens de plaisir et soumis à l'influence de la planète Vénus. »

Chems-eddin précise et distingue : « La manifestation et la vue de Dieu, dit-il, ont lieu bien plus fréquemment par le concert pour les hommes de Dieu. Ceux qui y prennent part sont sortis du monde de leur propre existence; le concert les emmène hors des autres mondes; ils atteignent la rencontre de Dieu. Certes il y a des concerts qui sont une chose illicite. Il a fait une grande chose celui qui a dit que c'est interdit; un tel concert est une infidélité; une main qui se lève sans cette extase, sûrement la main et le pied de celui-là seront châtiés dans l'enfer, tandis qu'une main qui se lève avec cette extase atteindra sûrement le paradis; c'est là le concert qui est autorisé. C'est la danse des gens de mortification et d'ascétisme qui produit chez eux des larmes et de l'attendrissement. Il y a un concert qui est un devoir obligatoire, c'est celui des extatiques, parce qu'autant que de manger du pain et de boire de l'eau c'est l'aliment de la vie. »

Note 13, page 133 : — L'amitié de Djélal-eddin et de Chems-eddin, j'aimerais la comparer à l'amitié d'un Gœthe et d'un Schiller, si raisonnée et dans laquelle pourtant il y a un attrait mystérieux, un don du destin. Mais plus exactement ce merveilleux épisode de la venue de Chems-eddin à Konia peut être rapproché du rôle que joua Towianski quand il surgit dans la vie de Miskiewitz, et faillit communiquer sa flamme et son impulsion de danseur sacré à notre Michelet, à notre Quinet. Jusqu'où se fit-elle sentir cette impulsion? N'en est-il rien sur Vintras, sur Léopold Bayard?

Note 14, page 135 : — Voici encore une miniature persane qui nous montre Djélal-eddin dans sa vie familière de grand poète de l'Asie... « Une nuit, raconte un de ses derviches, j'étais de service auprès de notre maître. Par une phrase très rigoureuse, il exprimait ses idées ; les compagnons les transcrivaient ; et moi je faisais sécher l'encre sur le brasero. Cela dura jusqu'à minuit. »

Note 15, page 136 : — Un jour qu'un derviche sollicitait Bayézid-Bastami pour devenir son disciple, celui-ci lui demanda : « As-tu commis un de ces péchés bien connus dont parlent les bouches des hommes et des femmes? » Le derviche s'en défendit : « Eh bien ! lui dit-il, va, vois-les tous. Alors seulement tu reviendras, afin qu'il n'arrive pas que dans les retraites, une présomption naisse dans ton cœur et que tu sois privé de voir Dieu par trop de suffisance. La contemplation des actes de dévotion produit l'admiration de soi-même, tandis que la vue des péchés amène de la tranquillité et de l'abattement. »

« Je ne me plais que dans mes faiblesses, disait saint Paul, car lorsque je me sens faible, c'est alors que je suis fort et que la puissance de Dieu repose sur moi. »

Bayézid disait encore : « Dieu commande ceci et défend cela, et vêt de gloire ceux qui lui obéissent. Mais libre à d'autres de s'efforcer de mériter cette robe ; moi, je ne veux rien de Lui que Lui-même. Chacun se noie dans une infinité d'œuvres de toutes sortes : je me noie, quant à moi, dans l'Unité. Les autres comptent sur leurs mérites ; je compte, moi, sur la générosité toute bénévole de Dieu. »

Note 16, page 148 : — Il y a dans de tels états qui intéressent tout l'être un contre-coup physiologique qui serait aisément une excitation érotique. Tout ce qu'il y a dans les phénomènes mystiques d'animal et de morbide leur fait du tort et a toujours frappé d'admiration les foules. Il n'y a pas de quoi se scandaliser ; cet érotisme inconscient qui gît au-dessous des sublimités, c'est la nature humaine ; mais nous voyons nos saints et nos saintes chrétiennes s'en dégager, la surmonter avec une aisance royale. Que des lourdauds qui salissent tout en parlent mal, ils n'aboutissent qu'à augmenter la difficulté de traiter cet aspect du problème, qui s'impose pourtant s'il s'agit des Bacchantes, des Hashāshins, et, sinon des Derviches danseurs, certainement des Hurleurs.

Note 17, page 156 : — Des moyens pour contraindre l'esprit, pour obliger l'inspiration à venir ! Une mécanique de l'enthousiasme ! Songez à Mozart : quand l'idée musicale ne lui venait pas, il disait son chapelet. Cette répétition des apostrophes d'amour mettait en mouvement ce cœur génial. Comme le mystique a des procédés pour rejoindre ses états les plus hauts, l'artiste n'en a-t-il pas pour retrouver son animation créatrice? Lire un grand poète déclanche en nous une certaine puissance qui, la minute d'avant, sommeillait. Tout cela nous mènerait à la connaissance de certains rythmes plus capables que d'autres de hâter la naissance de l'extase. Tout cela nous ferait remonter à l'origine des procédés littéraires de cadence, de rime, d'allitération. Nous comprendrions les strophes diverses, le coup de gong du *Never more*, enfin tout le primitivisme de la poésie, de l'art oratoire...

Note 18, page 160 : — Sur ce libéralisme, cette tolérance de l'école mystique de Konia, voici quelques faits qui font image :

Un négociant de Tébriz, qui avait eu des malheurs, vint

consulter Djélal-eddin : « Ton dommage, lui dit le maître, vient de ce qui t'est arrivé, lorsqu'un jour dans le pays des Francs occidentaux, tu t'es rendu dans un quartier où un derviche franc, un grand saint, était endormi au bout d'un carrefour. Tu as craché sur lui et tu as éprouvé de la répulsion. Le cœur béni de cet homme puissant s'est fâché contre toi. Voilà pourquoi tu as subi tant de pertes. Va, et rends-le content. Demande-lui de te décharger de cette peine, et en même temps transmets-lui notre salut. » Le marchand se mit en route. Quand il fut arrivé dans ces contrées de l'Occident et qu'il passa dans le même quartier, il aperçut encore cet homme endormi. Il descendit de sa monture et s'inclina. Le derviche franc le prit dans ses bras et le baisa sur les joues. Revenu avec la bénédiction, le marchand de Tébriz transmit le salut et les prosternations du derviche franc à Djélal-eddin, qui plongé dans le concert spirituel dansa et chanta : « Il possède un empire fort agréable, il lui faut des choses de toute espèce ; si tu le veux, deviens cornaline et rubis, ou bien un briquet de pierre. Si tu es un vrai croyant, il te recherchera ; si tu es un infidèle il te louera. Dans cette rue-ci, deviens un véridique, dans cette rue-là, deviens un franc. »

Le disciple qui rapporte cette saisissante histoire exemplaire, prend toutefois ses précautions ; il ajoute ce commentaire : « A cause du respect que nous avons pour notre maître Djélal-eddin, il ne fut pas possible de l'interroger sur les détails de cette affaire. »

Si le disciple avait osé insister, Djélal eût pu lui répéter ce qu'il dit dans d'autres occasions : « Les sots ne connaissent que la musique et ignorent le vrai temple de l'âme. Peu importe comment nous nommons Dieu, nul ne sera sauvé que par son amour sincère pour son Seigneur et par l'effort qu'il fera pour lui plaire. Si nous venons à nous contenter d'un or frelaté, ce n'est pas par une volontaire perversion, mais parce que nous prenons ce métal imparfait pour de l'or pur. »

Encore une formule bien vraie d'indulgence : « Dieu a créé des hommes pour la guerre et d'autres pour manger de la bouillie à la gamelle. »

Aux yeux de Djélal-eddin, certains êtres exceptionnels

semblent avoir le droit de mener leur vie hors cadre s'ils osent et peuvent supporter les extrêmes difficultés et périls auxquels ils s'exposent, s'ils réussissent, grâce à leur génie heureux, à harmoniser leur destinée avec l'univers. Nous avons connu des Mirabeau, des George Sand. N'est-ce pas à des êtres de cette sorte qu'il pensait, lorsqu'à quelqu'un lui disant : « Un tel se livre à des actes blâmables. Quelle va être sa situation? » il répondait : « Ne t'en préoccupe pas... car il ressemble à un oiseau dont les plumes ont complètement poussé, il vole où il veut. Mais il faudrait se préoccuper d'un oiseau dont les plumes ne seraient pas complètes, car celui-là, lorsqu'il s'envolera de son nid, il sera dévoré par le chat. »

Et pour conclure, écoutez ceci. Alors que Chems-eddin avait quitté Konia pour fuir les persécutions, Djélal-eddin, qui le faisait chercher partout, dit à son fils, Sultan Weled : « Va à Damas, entre dans le caravansérail qui se trouve sur la montagne de Saliyé; tu y verras notre maître Chems-eddin jouant au trictrac avec un jeune garçon européen. Quand il aura gagné, ce jeune garçon lui donnera un soufflet. Sache que cet enfant est un des *poles*, mais il ne se connaît pas bien lui-même. Il faut que par les faveurs de Chems-eddin il s'élève jusqu'à la perfection de son état et devienne son disciple. » Sultan Weled se mit en route, arriva à Damas, trouva le caravansérail et vit ce que Djélal avait annoncé. Il fit alors à Chems-eddin de telles démonstrations de respect que le jeune garçon fut plein de crainte, se demandant comment il avait osé gifler un homme si respecté. Mais Chems-eddin lui dit : « Retourne en Europe; visite les chers amis de ce pays-là. Sois le pole de leurs réunions et ne nous oublie pas dans tes prières. » Puis il revint à Konia.

Eh! quoi! un apostolat de l'Europe par l'Asie! Quel début du plus beau des romans! Quelle ouverture par où s'élancent nos rêveries! Et dans le même temps saint François d'Assise dit à ses Frères : « Tous ceux de nous qui par inspiration divine voudront aller chez les Sarrasins et autres infidèles, qu'ils y aillent avec la prudence des serpents et la simplicité des colombes. »

Note 19, page 165 : — Il y a une lutte entre « l'esprit ottoman » et « l'esprit turc ». Sous ces deux noms se classent deux groupes de tempéraments et s'affrontent deux systèmes.

Les Vieux Turcs, ceux par exemple qui furent élevés au lycée de Galata Seraï, se réclamaient d'une civilisation ottomane, osmanli. Ils étaient dans la grande tradition. Mahomet II et les vainqueurs, une fois installés dans Constantinople, avaient rejeté l'appellation de « turc » comme une sorte d'injure. Ils se glorifiaient d'être des Osmanlis. Il y avait une langue, une métrique, une littérature, une musique, des arts osmanlis, où s'amalgamaient les influences arabes, persanes et turques sur un fond de souvenirs de la Grèce. Et puis à côté, dans le peuple, une langue, une métrique, une littérature, une musique, bref une pensée et des arts turcs.

Eh bien ! Aujourd'hui, une certaine élite veut profiter des progrès techniques de l'Occident, mais prétend rejeter tout esprit européen. Elle s'efforce de faire abandonner la civilisation ottomane et de relever la manière turque. (A comparer avec la propagande de teutomanie en Allemagne.)

Ce que nous disons de cette civilisation où coopèrent ces influences helléniques, turques, persanes, arabes dans le cadre sublime de Byzance, complétez-le par ce fait, que nous avons indiqué aux premières pages de notre tome Ier, que les grands personnages de Turquie sont de génération en génération nés des plus belles Géorgiennes, Circassiennes ; et ces mélanges de sang et d'idée nous rendent intelligible le charme profond de la civilisation raffinée des hautes classes à Constantinople.

Note 20, page 166 : — Voici un article que j'extrais du *Journal du Caire* (4 juin 1914) et qui donne avec une note très plaisante une idée de l'accueil parfait et attentif que l'Orient réserve aux écrivains de France — et en même temps un modèle de la politesse et de l'humour des habitants de ces pays :

Safita, 26 mai 1914.

... M. Barrès était encore à Marseille lorsque notre ministre de l'intérieur télégraphia au vali de Beyrouth que l'illustre académicien et député fameux arrivait incessamment en Syrie pour visiter les montagnes du Hosen et de Safita et d'une façon toute spéciale les pays du Kadmouss et de Massiate où pullulent les Ismaéliens. Le ministre ordonna les mesures les plus promptes et les plus sévères pour rendre facile et agréable le voyage du célèbre écrivain...

Voici d'ailleurs un paragraphe détaché de l'un des ordres qui inondèrent ici les sièges gouvernementaux :

« Vous ferez immédiatement réparer les routes et passages difficiles et serez prêts à répondre au moindre desideratum de Barrès effendi. Bref, les facilités les plus grandes que vous prodiguerez à cet illustre visiteur seront encore inférieures à son mérite et bien au-dessous de votre devoir. »

Vous comprenez combien de pareils ordres arrivés aux oreilles de populations désœuvrées et cancanières parviennent en un clin d'œil à prendre de l'importance et surtout de l'amplification.

Depuis Tripoli jusqu'ici, on ne parla que du grand et illustrissime savant français, du général Maurice, du redoutable politicien Barrès, du « Wazir el Françaoui ! »...

... Grâce à M. Barrès, je puis désormais voyager presque confortablement dans ces pays montagneux. Les ordres magiques et un tantinet tyranniques dont je vous parlais plus haut eurent pour effet d'aplanir comme par enchantement les chemins les plus scabreux, de rendre possible les plus impraticables. Telle descente de Kaffroun que je ne pus jamais traverser fièrement à cheval, fut élargie, rafistolée, transformée en un chemin presque carrossable...

Qui l'aurait dit et qui l'aurait cru que les grands écrivains de France finiraient par remplacer chez nous les municipalités, d'ailleurs absentes !...

Les écrivains de France, fidèles à la tradition des Lamartine et des Loti, ont toujours aimé à mettre en valeur les prestiges et les meilleures vertus de l'Orient. Les lettres françaises furent certainement créatrices d'amitiés entre ces nations et la France ; de là leur popularité dans le Levant ; et toute cette *Enquête* est un effort pour que soient pris les moyens qui maintiendront leur rang et leur efficacité. Nous travaillons pour que ne soient pas soustraits à notre rayonnement moral et intellectuel les quatre-vingt-quinze mille enfants de l'Empire ottoman que nos missionnaires y instruisaient en français, en 1914.

Note 21, page 168 : — C'est tout de même vrai qu'il y a de par le monde trop de mercantis et de dégoûtants qui font un tort immense à notre nation auprès de peuples divers que notre meilleur esprit a disposés à nous mettre si haut.

Note 22, page 170 : — A rapprocher de cette déclaration émouvante le témoignage de M. Bompard : « L'échec de la guerre balkanique a activé le développement du nationalisme turc. Quel spectacle à Constantinople, quand les Bulgares arrivèrent devant Tchataldja ! Le bruit du canon résonait sourdement dans la cité ; la population musulmane l'écoutait anxieusement, se demandant ce qui allait advenir de l'Empire qui pouvait s'écrouler d'un moment à l'autre. Alors que l'angoisse se lisait sur le visage des Turcs, la population non musulmane ne manifestait aucun souci ; elle allait paisiblement à ses affaires, même à ses plaisirs. Le sort du pays qui se jouait à quelques kilomètres de ses murs laissait une grande partie de ses habitants dans l'indifférence la plus complète. Dans cette grande capitale en péril, une moitié de la population paraissait étrangère à l'autre. Cruellement ému devant ce manque de solidarité, le nationalisme des Turcs s'est exacerbé. Et bientôt leur haine des chrétiens s'est élevée à un degré d'ardeur, à une férocité qu'elle n'avait jamais atteint... »

Note 23, page 171 : — Quatre cents francs, ou plus exactement 380 francs par mois, c'est avec cette somme qu'avant la guerre nos missionnaires, hommes et femmes, religieux ou religieuses, vivaient en Orient. Ce bas prix parut si invraisemblable aux excellents typographes de *la Revue des Deux Mondes* qu'en dépit de mes corrections répétées, ils s'obstinèrent à imprimer 4 000 au lieu de 400 francs.

« En 1900, m'écrit un voyageur, j'ai trouvé à Larnaka, à Chypre, des Sœurs de Saint-Joseph dont le budget général attribuait à chacune des douze religieuses de cette communauté 280 francs. Or elles tinrent à me donner une hospitalité princière dont je garde d'autant mieux le souvenir que leur pauvreté m'émut jusqu'au fond de l'âme. Cette pauvreté réelle n'empêchait pas ces femmes de diriger merveilleusement leur école et leur dispensaire. Et l'on ne pouvait pas soupçonner l'exiguïté de leur budget devant la dignité élégante de ces agents de notre civilisation. »

(Qu'il me soit permis de donner en passant un détail qui aide à comprendre le génie de simplicité et les privations des religieux. Quand j'étais enfant, on disait que les religieuses de la Trappe d'Ubexy, voisine de Charmes-sur-Moselle, dépensaient chacune 15 centimes par jour pour leur nourriture.)

Depuis la guerre, un missionnaire catholique revient par année à quinze cents francs. L'Angleterre ne peut pas avoir un missionnaire protestant à moins de vingt mille francs. Et souvent, très souvent, le missionnaire britannique ou américain coûte trente mille francs.

Voilà des faits qui jettent de profondes lumières, plus avant que les mœurs, sur les intérieurs d'âmes.

Note 24, page 174 : — M. Bompard me disait, ce qu'il a répété cent fois : « La civilisation a pénétré en Turquie surtout à l'heure où la France ne s'en tenant pas au lycée de Galata Seraï, créé après la guerre de Crimée et réservé en fait aux classes supérieures, a développé jusque dans les simples bourgades des régions les plus reculées, tout un réseau d'écoles primaires, où elle a reçu et instruit les enfants de la simple bourgeoisie et même des classes populaires. Nous avons élevé, — imités en cela, mais en moindre proportion, par les Italiens et par les Anglais — toute une population appartenant à des familles modestes, à cette classe intermédiaire dans laquelle réside la force des nations. On envoyait même certains de ces élèves à Paris ou dans d'autres villes de l'Europe ; le gouvernement turc lui-même donnait aux enfants dont les parents n'étaient pas riches les moyens de suivre des cours d'instruction supérieure en France ; un grand nombre de ces jeunes gens sont diplômés de l'École des sciences politiques de la rue Saint-Guillaume, car, chose frappante, ces jeunes gens, au lieu de suivre les branches pratiques de l'enseignement, au lieu de travailler pour être ingénieurs par exemple, se laissaient entraîner vers la politique ; ils apprenaient volontiers le droit parce que cela, pensaient-ils, les conduirait à la science du gouvernement des hommes, et après avoir lu beaucoup de journaux et d'articles de revues ils revenaient dans leurs pays férus d'idées politiques et la tête pleine de projets de réformes imités des institutions occidentales. Ce sont ces hommes, nos élèves, qui ont fait la révolution jeune-turque. » (O difficulté de calculer la conséquence de quelque action que ce soit ! Taine a-t-il assez espéré de l'École de la rue Saint-Guillaume ! Et lui qui a dénoncé avec tant de force les périls de ce qu'il appelait la disconvenance de l'éducation et de la vie, voilà qu'il aura pour sa part contribué à la fabrication d'une variété orientale de l'espèce sociale qu'il réprouvait par-dessus tout : le diplômé déraciné, celui qui ne pouvant plus vivre dans ses cadres héréditaires n'aspire qu'à les détruire !)

Note 25, page 176 : — Cet appel et l'approbation de la colonie de Constantinople ont été publiés dans le *Stamboul* du 29 juin 1914.

Note 26, page 177 : — Parmi les convives, dont la présence doit paraître un acquiescement à cette campagne pour les missionnaires enseignants, les journaux nomment Mgr Savoya, archevêque de Beyrouth ; Mgr Chébli, archevêque maronite ; Mme Louis Barthou, LL. EE. Vesnitch, ministre de Serbie ; Stanciof, ministre de Bulgarie ; le général Samad Khan, ministre de Perse ; comte et comtesse de Mun, M. Eugène Étienne, M. et Mme Georges Leygues, M. et Mme Jean Cruppi, MM. René Besnard, député ; docteur Georges Sammé, M. Jean Gout, directeur aux Affaires étrangères ; M. et Mme Joseph Thierry, M. et Mme Maurice Long, comte de Saint-Quentin, M. et Mme Fernand Laudet, M. et Mme Bouge ; M. et Mme Henry Bérenger, M. et Mme Corréard, M. et Mme Zia bey, M. et Mme Guynet, M. et Mme Combarieu, Mme Adolphe Brisson, M. et Mlle Moutran, M. et Mme Quartier, S. S. Réouf bey, MM. Henry Simond, Lacour-Gayet, Chenu, Louis Steeg, Gustave Boissière, Léo Claretie, Gabriel Jaray, Georges Bénard, M. et Mme Sabbag bey, amiral Bienaimé, Boghos pacha Nubar, marquise de Reverseaux, comte Ferry de Ludre, MM. Sicilianos, Émile Sénart, Lucien Villars, Étienne, Flandrin, Loucheur, Alphonse Fondère, Jules Prevet, Guillain, Aulneau, M. et Mme Thomine, M. et Mme Blanche, M. et Mme Goblet, MM. Maurice Spronck, Charles Diehl, Auguste Boppe, Auguste Gauvain, Gallut, Paul Boyer, René Pinon, Victor Bérard, René Moulin,

Rouillié, Auguste Terrier, Louis Gillet, Tharaud, M. et Mme Clément Huart, MM. Albert Malet, Ernest Lémonon, Rozanes, docteur Doléris, docteur Loutfi bey, Alphonse Humbert, MM. Paul Parsy, comte Cressaty, MM. de La Rupelle, Canet, Jean Rodes, Corpechot, Saint-Blancard de Saint-Victor, Louis Godard, Chéradame, Fournol, Maurice Reclus, Louis Madelin, docteur Labbé, docteur Lakah, docteur Kindirji, docteur Contenau, comte de Contenson, Léon Barets, Bourdarie, etc.

Note 27, page 188 : — Le séidisme de l'Orient. Une grande chose à méditer. Ai-je suffisamment insisté sur cette idée du « maître », que nous avons rencontrée sous sa forme la plus saisissante au milieu des Ismaéliens? Nous sommes-nous fait une idée claire de cette haute forme doctrinale d'une disposition instinctive de l'Oriental? Il me semble que le silence éternel des espaces infinis effraye le penseur oriental. Le « Un Absolu » que l'Asie connaît par une tradition de Plotin laisse les cœurs dans l'isolement. Alors sont institués des intermédiaires, des anges, des démons, des héros. C'est trop peu, et l'homme veut un guide, un maître qui le dirigera dans le droit chemin.

Ce directeur est le représentant de Dieu ; par l'esprit il est un avec Dieu ; ses actions sont les actions de Dieu. Et dans cette voie, le mystique oriental ne s'arrête pas. Les beaux textes que nous avons d'après Bayazid Bastami ! Quelqu'un lui demandait : « Qui est le plus grand, de ton directeur spirituel ou d'Abou-Hanifa? — C'est mon directeur. — Serait-ce Abou-Bekr? reprit l'élève. — C'est mon directeur, » répondit-il encore. Le questionneur énuméra tous les compagnons de Mahomet et finit par nommer Mahomet lui-même. Mais Bastami répondit encore : « C'est mon directeur. » Enfin le questionneur s'écria : « Dieu est-il le plus grand, ou est-ce ton directeur spirituel? » Ce à quoi Bastami répondit : « J'ai vu Dieu dans mon directeur spirituel. Je ne connais rien en dehors de celui-ci, je sais que mon directeur est tout. » Pour Bayazid, qu'aime à citer Djélal-eddin, les blasphèmes du Directeur, ses immoralités, ses crimes sont glorifiés. Il faut le suivre sans le discuter. C'est ainsi que Hasan Sabah recevait de ses Hashâshins les honneurs divins et un dévouement absolu, alors qu'il leur commandait au péril de leur vie les trahisons et les assassinats. Le noble et pur Djélal-eddin, lui-même, écrit de Dieu et de Chems-eddin : « Le monarque suprême avait clos étroitement la porte. Aujourd'hui, il apparaît à cette porte revêtu de la mortalité. »

Plus de garde-fou ! Aux yeux de ces Orientaux enivrés, l'obscurité ne procède pas du soleil. Chez le Directeur, ce que nous appelons le mal est en soi le bien, quoique imparfait par rapport à nous. On pense si de telles divagations peuvent empoisonner une société ! J'aimerais savoir quelle est, dans ces sentiments et dans ces idées, l'invention propre des Orientaux et pour quelle part s'y mêle l'héritage alexandrin?

Quoi qu'il en soit, nous n'avons pas fait le tour d'une idée si nous n'avons vu que ses défauts et ses vices. Des êtres qui inspirent le séidisme sont à tenir en considération. En avons-nous encore dans nos civilisations occidentales? Des gens qui intéressent par leur individualité totale et non par une technicité, par une spécialité ! Cette mise en œuvre d'une individualité totale, est-elle possible à cette heure chez nous? Est-il encore des gens pour adhérer à qui voudrait être animateur, des gens pour dire « oui » aux grandes tâches qu'une âme forte leur commanderait?

Et alors, nous arriverions à cette autre vue. Chez ceux qui suscitent des séides, n'y a-t-il pas autre chose que l'ascendant de tout esprit supérieur? N'y a-t-il pas chez les Hasan-Salah, chez les Rachid-eddin, chez les mystiques de Konia, quelque chose qui se relie à la yoga des Indiens? Cela n'est pas que des Indes. Nous connaissons mal les mystères antiques. On y était tenu au secret. Cela peut venir de l'Égypte, de la Grèce antique. Qu'était un Apollonius de Tyane? En Lorraine même, de Liebault à Coué, j'ai vu d'étranges pouvoirs.

Note 28, page 199 : — Sur le rôle du Père Joseph et sur la première idée de ces belles fondations, voir notre rapport *les Missionnaires du Levant (Faut-il autoriser les congrégations?* Plon, éditeur). D'après le Père Hilaire de Barenton, nous rappelons comment dès 1628, les Capucins avaient fondé à Beyrouth un séminaire pour les Maronites et les autres chrétiens des divers rites orientaux. Bientôt après les Capucins de Paris obtinrent que leurs religieux fussent autorisés à célébrer en grec et suivant le rite byzantin dans tous les diocèses d'Orient où les Latins n'avaient pas d'églises de leur rite. En même temps ils cherchaient à obtenir l'adhésion des évêques orientaux à la doctrine romaine de la primauté du pape, tout en respectant scrupuleusement leurs liturgies et leurs disciplines particulières. Et c'est ainsi que prirent naissance ces Églises orientales-unies, sur lesquelles la France étendit sa tutelle : Église chaldéenne, Église melkite, Église syrienne, Église arménienne.

La Propagande laissa faire sans témoigner grand intérêt à ces entreprises hardies. Mais deux siècles après la mort du Père Joseph, Léon XIII, à l'appel de deux Français encore, les cardinaux Lavigerie et Langénieux, s'efforça de reconstituer l'unité de l'Église chrétienne en se gardant de porter atteinte, par une absurde manie d'uniformité que condamnait déjà le vieux pape Grégoire le Grand, à l'admirable diversité de prières et de cérémonies, qui, comme elle dit elle-même, l'enveloppe d'une tunique de liesse et la pare comme une fiancée. Le délégué apostolique, Mgr Vannutelli, aujourd'hui cardinal et doyen du Sacré-Collège, proposa à notre compatriote le Père Marcel de Montaillé, supérieur de la mission de Constantinople, de fonder un séminaire pour les clercs des rites orientaux. C'est ainsi que naquit, à peine les religieux français avaient-ils repris possession de la chapelle de l'Ambassade de France, le séminaire de Saint-Louis.

Pour Sainte-Anne de Jérusalem, voir notre rapport sur les Pères Blancs, page 14.

Note 29, page 200 : — Un mot terrible de l'un de nos négociateurs de Lausanne (à la date de février 1923) : « Nous avons conservé quelques garanties aux minorités chrétiennes en Turquie. Elles peuvent, au cas où elles seraient maltraitées, faire appel à la Société des nations. Mais voyez-vous, *ce qui est grave pour ces minorités chrétiennes, c'est qu'il n'y en a plus.* »

Et notre représentant s'expliquait : « Nous avons obtenu

qu'on laisse les chrétiens à Constantinople, ainsi que dans les deux îles d'Imbros et de Tenedos. Mais dans le reste de la Turquie, il n'y en a plus. Ceux qui restent vont être échangés. L'échange, c'est affreux; c'est encore mieux que le massacre. On a fait une convention que les puissances n'ont pas voulu signer par pudeur, mais que la Grèce et la Turquie ont signée. Il est déjà parti 6 ou 800 000 Grecs de la Turquie d'Asie, et ceux qui restent vont être renvoyés. En 1914, il y avait 1 500 000 Arméniens en Turquie; les Turcs en ont massacré un million; les autres se sont enfuis; il en resterait encore 130 000. Au bref, nous avons pris des dispositions pour les minorités, mais il n'y en aura plus que dans les grandes villes, comme Constantinople, où elles peuvent vivre plus facilement que dans les campagnes. »

Spero nos perventuros. Après les tremblements de terre les fugitifs reviennent invinciblement à leurs foyers qu'ils relèvent.

TABLE DES MATIÈRES
DU TOME SECOND

Cet ouvrage a été achevé d'imprimer par

Plon-Nourrit et Cie,

à Paris, le 28 novembre 1923.

ŒUVRES COMPLÈTES DE MAURICE BARRÈS

Édition à tirage limité, dans le format in-8° écu, comprenant des exemplaires sur chine, sur hollande, et 1100 exemplaires sur papier pur fil des papeteries Lafuma.

*Souvenirs d'un officier de la Grande Armée, publiés par Maurice Barrès, son petit-fils.. 1 vol.

LE CULTE DU MOI

*Sous l'œil des Barbares. 1 vol.
*Un Homme libre....... —
*Le Jardin de Bérénice. —

LES BASTIONS DE L'EST

*Au service de l'Allemagne.............. 1 vol.
*Colette Baudoche...... —
*Le Génie du Rhin...... —

LE ROMAN DE L'ÉNERGIE NATIONALE

*Les Déracinés.. 2 vol.
L'Appel au soldat.
Leurs Figures.

CHRONIQUE DE LA GRANDE GUERRE

*I. (1er fév.-4 oct. 1914).
*II. (14 oct.-31 déc. 1914).
*III. (1er janvier-11 mars 1915).
*IV. (12 mars-31 mai 1915).
*V. (1er juin-24 août 1915).
*VI. (25 août-11 déc. 1915).
*VII. (12 déc. 1915-9 avril 1916).
*VIII. (11 avril-24 août 1916).
*IX. (3 sept. 1916-28 juin 1917).
*X. (1er juillet-[illegible] déc. 1917).
*XI. (2 déc. 1917-23 avril 1918).
*XII. (24 avril-7 août 1918).

*Un Jardin sur l'Oronte. 1 vol.
L'Ennemi des lois..... —
*Du sang, de la volupté et de la mort......... 1 vol.
*Amori et Dolori sacrum. —
Les Amitiés françaises.
Scènes et doctrines du nationalisme.
*Le Voyage de Sparte.. 1 vol.
*Greco ou le Secret de Tolède.............. 1 vol.
*La Colline inspirée... —
*Huit jours chez M. Renan.............. —
La Grande Pitié des Églises de France.
Les Familles spirituelles de la France.

Les volumes précédés d'un astérisque sont en vente (novembre 1923).

PARIS. — TYP. PLON-NOURRIT ET Cie, 8, RUE GARANCIÈRE. — 29992.

www.ingramcontent.com/pod-product-compliance
Ingram Content Group UK Ltd.
Pitfield, Milton Keynes, MK11 3LW, UK
UKHW021102270726
13993UKWH00006B/87

9 782329 081441